KB107650

지도로
읽는다

고지도로 보는

유토피아
상식도감

고지도로 보는
유토피아
상식도감

쓰지하라 야스오 지음

유성운 옮김

이다미디어

상상을 초월하는
환상의 세계로 초대

　J. R. R. 톨킨의 《반지의 제왕》 3부작과 J. K. 롤링의 《해리 포터》 시리즈 7부작이 대중적 인기를 바탕으로 영화로 만들어진 뒤 공전의 대히트를 치는 등 세기말부터 고조된 판타지에 대한 열광은 식을 줄 모른다.

　시대 상황이 혼돈과 패닉 상태에 빠지면 사람들은 현실적인 리얼리즘보다는 유토피아 등 이계異界의 공간으로 도피하려는 경향이 강해진다고 한다.

　주위를 둘러싼 환경이 힘들고 공허할수록 현실을 직시하려는 열정은 시들해지고, 그에 대한 반작용으로 판타지의 세계로 빠져드는 것은 당연한 현상일 것이다. 그러나 인간이 본래 가진 무한대의 상상력이 판타지 문학에만 투영되는 것은 아니다. 문학, 예술, 종교,

영화 〈반지의 제왕〉 포스터.　　　　　영화 〈해리 포터〉 포스터.

철학, 과학 등 인류가 영위하고 쌓아온 문화 활동이야말로 상상력의 산물이며, 발명과 발견, 전쟁 또한 마찬가지이다. 인류의 역사는 상상력이 만들어낸 역사였다고 해도 좋을 것이다.

예를 들어 지리적 지식이나 세계관도 지구상의 전체 모습이 거의 밝혀진 20세기 이전까지는 '미지의 땅'을 상상력으로 보완할 수밖에 없었다. 그 외에는 더 나은 수단도, 다른 방법도 없었다.

지리적으로 확인되지 않은 세계에 대한 흥미와 끊임없는 호기심은 수많은 전설의 땅과 낙원을 탄생시키는 원동력이 되었고, 심지

2016년 키르기스스탄 예티(설인) 우표와 봉투. 예티는 히말라야의 설인으로 알려져 있으며 19세기 이후에 서양 대중문화에 등장했다.

어 그것 대부분이 당시엔 실제로 존재한다고 믿어졌다. 사실 이 책에 등장하는 유토피아와 전설의 땅 가운데 일부를 제외하면 거의 대부분이 상상력에 의해 탄생했고, 오랜 기간 구전되다가 사라진 '환상의 땅'이나 다름없다.

하지만 선인들의 무지를 지적하며 웃을 자격이 우리에게 있을까. 설인, 네시 등의 미확인 동물, UFO, 요괴와 악마, 종교적 기현상, 염력과 텔레파시 등 미지의 존재에 대한 인간의 호기심은 지금도 여전히 세계 각지의 미디어를 장식하고 있다. 동서고금을 살펴봐도 모험과 초자연 현상에 끌리는 인간의 성향은 조금도 변하지 않았다. 인류가 존재하는 한, 이것들이 풍화되고 소멸되는 일은 없을 것이다.

미지에 대한 동경의 부산물로서 구전되어온 전설과 공상의 땅은 여전히 인류의 이상향으로 남아 있을 것이다. 이 책은 그것들의 탄생 배경과 의미를 되새겨봄으로써 역사의 뒤편을 비추고, 옛사람들의 왕성한 상상력과 아름다운 꿈을 다시 복원해낼 것이다.

1장 · 하룻밤에 사라진 잃어버린 왕국

2장 · 인간이 꿈꾼 지상낙원과 이상향

고지도 속 전설의 땅은
인간의 유토피아인가?

고지도 위의 기록으로 남은 전설의 땅과 이상향

　전설의 땅과 낙원 혹은 이상향은 어느 시대에도, 어느 문화권에도 존재한다. 지구상 거의 모든 지역의 지리적 실상이 밝혀진 현대에도 예를 들어 달세계와 다른 행성에 대한 탐사, 그리고 SF와 판타지 등 허구의 세계에 대한 동경 등으로 나타나고 있다.

　그러나 고대인들이 상상력에만 의존해 만든 이야기를 순순히 받아들이는 습성을 가진 건 아니었다. 설령 그런 이야기들이 일시적으로 널리 유포되었다고 해도 전설로 남아 후세에 전해지지는 않았다.

　즉, 전설의 땅과 낙원이 구전되는 동안 왜곡되고 윤색되면서도

토머스 모어의 《유토피아》(1518년)와 토머스 모어.

픽션과는 다르게 어느 정도의 사실을 뼈대로 유지한 채 역사의 이면에서 많은 이야깃거리를 만들어온 것이다.

최초에 핵심 줄기를 이루는 사실이 있고, 그것이 사람에서 사람으로 전해지는 단계에서 군더더기가 붙으면서 과장 또는 왜곡되며 크게 변형된 것이다. 그래도 근저에는 과거의 기억에서 연소된 가스가 남아 실체를 상상할 수 있는 힘으로 작용한다.

공상에 의해 태어난 땅이라고 해도 그것이 전설이라는 형식을 취하는 한, 어딘가에는 반드시 모티브가 된 사실이 숨겨져 있다. 모티브 속에 숨겨진 인간의 욕망과 이상은 인류 역사의 한 줄기를 이루고 있음을 부인할 수 없다.

한편 인간의 본질은 이성만으로 판단할 수 있을 만큼 단순하지는 않다. 신비, 경이, 괴기라고 하는, 이성으로는 이해할 수 없는 사실과 현상에 대한 호기심을 원천적으로 봉쇄하기란 불가능하다. 조금이라도 기이한 것을 접하면 곧바로 정신 활동의 센서가 작동해 마음속 깊은 곳에 있는, 무언가를 동경하는 강렬한 기운이 세차게 움직이기 때문이다.

이를 통해 신비와 경이로움이 받아들여지면, 이후부터는 다양한 공상의 세계로 빠져들면서 이성보다는 감성이 지배하게 된다. 수수께끼 같은 전설의 땅은 대상 자체가 경이로운 영역에 속하기 때문에, 설령 초현실적이거나 환상적인 현상이 전개된다 하더라도 조금도 이상해하거나 위화감을 갖지 않게 된다.

그것은 허구의 세계가 전제가 된《유토피아》,《걸리버 여행기》등
과 다를 바 없어 보이지만, '전설의 땅'은 이성이나 논리를 뛰어넘
어 신앙으로 승화된다는 지점에서만큼은 픽션과 구별하는 게 마땅
하다.

이렇게 변화무쌍한 시공을 거치는 동안 사실Fact은 그대로 전설
이 되고, 오랜 기간 살아남은 전설은 신화가 된다. 경이로움으로
가득한 낙원의 풍경과 모험담이 수 세기에 걸쳐 구전이나 기록으
로 남아 천연스럽게 회자된다고 해도 놀랍지 않다. 미지의 대상에
대한 동경과 호기심을 품은 사람들에 의해 존재를 지지받으니 말
이다.

전설의 땅과 낙원은 긴 세월에 걸쳐 만들어진 거대한 상상의 집
적이라고 해도 좋을 것이다. 사람들은 미지의 현상에 두려움을 느
끼면서도 매혹되고 또한 걱정하면서도 흥미를 느끼고 달려든다. 머
리로는 부조리하다고 알고 있지만, 마음속에서는 '믿고 싶어'라는
감정이 앞서는 것이다.

인간의 정신은 무서울 정도로 현실적이고 냉철한 반면, 한편으론
존재하지 않는 이상향을 찾아 나설 정도로 현실도피적인 성향을 간
직하고 있기 때문이다.

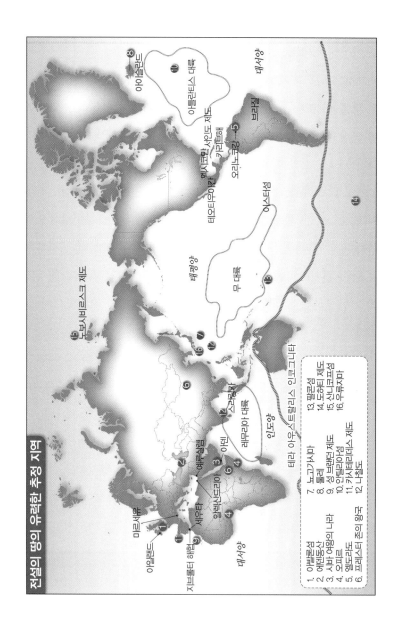

전설의 땅의 유력한 추정 지역

대서양

아이슬란드 ⑧

이룰란티스 대륙 ⑩

브라질 ⑭

오라크랑 ⑤

멕시코만 세인트브렌던 제도
카리브해

테오튀우아칸
아스터섬 ⑭

태평양

무 대륙 ⑮

노브세미블리스 제도 ⑯

레무리아 대륙 ⑫ ⑬

스리랑카 ⑭

인도양

이든 ⑩

에덴동산 ⑩

예루살렘

율티산드리아 ④

마르세유

아이랜드

지브롤터 해협 ⑨

세우타 ⑨

대서양

테라 아우스트랄리스 인코그니타

1. 아발론섬
2. 에덴동산
3. 시바 여왕의 나라
4. 오피르
5. 엘도라도
6. 프레스터 존의 왕국
7. 누고가시마
8. 툴레
9. 성 브렌던 제도
10. 안틸리아섬
11. 카시테리데스 제도
12. 나참도
13. 팔콘섬
14. 도해티 제도
15. 산나코포섬
16. 우류지마

황금의 마을, 보석으로 덮인 산, 불로불사의 샘

전설의 땅과 낙원 같은 미지의 영역은 어떤 사실을 핵으로 삼으면서 사람들의 풍부한 상상력에 의해 여러 갈래의 변화와 가지치기가 이루어진 부산물이라는 것은 앞서 말했다. 이런 땅과 공간에 대한 거대한 정보의 수원지 역할을 한 것은 공상의 기행담이나 여행기였다.

전설의 땅은 예부터 여행이라고 하는 인간의 본능적인 행위와 밀접하게 관계되어왔다. 거꾸로 말하면, 여행가가 자신이 눈으로 보고 귀로 들은 사실을 제3자에게 전했기 때문에, 그곳이 진정한 전설의 땅인지 아닌지는 제쳐두고 적어도 신비감과 신빙성을 동반해 세상에 받아들여질 수 있었다.

그렇다고는 해도 당시 여행가 상당수가 대중의 마음을 사로잡을 만한 내용을 가지고 과장된 스토리로 포장한 이야기꾼이었다는 것 또한 틀림없는 사실이다.

어떤 부분은 사실에 입각해 전하기는 했지만, 사람들의 귀를 솔깃하게 잡아끌기 위해 점차 과장하고 윤색하거나, 경우에 따라서는 상상에만 의존한 허무맹랑한 허풍도 적잖았을 것이다.

황금으로 덮인 마을, 보석으로 만들어진 산, 불로불사의 샘, 불가사의한 성인, 괴수와 괴인이 배회하는 황야 등 듣는 이로서는 그것들의 진위를 확인할 수 있는 자료가 전무한 상태였다. 그러나 주변 세계의 정보가 한정되고 지루한 일상생활이 반복되는 속에서 여행객이 말하는 상상 속 신기한 여행담을 마다할 이유가 없었고, 오히려 고통스럽고 고단한 현실에 큰 자극과 위로가 되는 경우가 대부분이었다.

이렇게 '전설'로서의 골격이 갖춰지고 반복적으로 전해지면서 수수께끼와 신비에 대한 인류의 동경을 점점 증가시켜 실제로 존재하는 것으로 드디어 자리 잡는 것은 지극히 자연스러운 흐름이었을 것이다. 물론 소문이나 상상이 전설의 지위를 획득하려면 쉽게 도달할 수 있는 곳이 아니라 저 멀리 아득하게 떨어진 곳에 존재하지 않으면 안 된다.

게다가 대부분은 속세에서 격리된 채 외부의 접근과 공격으로부터 원천적으로 차단되고 지켜진다는 것이 전제가 되어야만 한다. 그들을 찾기 위해선 눈에 보이지 않는 수평선 너머, 혹은 전인미답의 신비한 심산유곡으로 들어가야 하는 까닭이 여기에 있었다.

'머나먼 땅'은 어느 누구도 쉽게 도달할 수 없다. 그것이 바로 말하는 이에게는 주장의 신빙성을 확인할 수 없게 만드는 수단이 되었고, 듣는 이에게는 현실 세계보다 훨씬 매력적이고 가슴을 뛰게 만들기에 충분한 장소가 되게 한 것이다.

서양의 유토피아와 동양의 무릉도원

공상 여행기 중에서 걸작으로 꼽히는 대부분은 고대부터 교통망이 발달해 다민족 교류가 활발했던 유럽의 지중해 주변 세계에서 나왔다.

그것은 이곳 사람들이 바깥세상으로 출항해 다른 문명과 교류하고 다른 문화나 경험을 흡수하는 과정에서 일찌감치 '우리'라는 시각으로 이문화를 다루는 여행기 스타일을 확립했기 때문일 것이다.

오랜 세월 동안 사랑받은 공상 여행기 중에는 (서양의 관점에서) 신비롭게 보인 동양을 소재로 한 것이 많았다. 유럽과 이어져 있으면서도 기이하고 신비로운 세계가 펼쳐지는 동양은 가까이 가기 어려운 데다 광범위하게 여행한 사람도 없었기 때문에, 여행기의 내용에 과장된 부분이 있지만 경이롭고 괴이한 산물이 풍부한 땅이었다.

그런데 전설의 땅에 관한 기술은 유럽과 동양을 비교하면 미묘한 차이가 보인다.

지극히 한정된 부류의 인간만 도달할 수 있다는 점에서는 같지만, 유럽 세계에서 만들어진 전설의 땅에 도달하는 것은 특별히 선택된 사람이 아니더라도 가능했다. 예를 들어 에덴동산과 성 브랜던 제도, 엘도라도는 천신만고 끝에 도달할 수 있을 정도로 그 과정이 매우 힘들었을 것이라는 점이 분명하게 나온다. 즉, 기행과 여행의 여정에 강조점이 놓여 있다.

이에 비해 동양에서는 시간과 공간의 제약은 거의 없고, 무릉도원, 샴발라 등의 전설에서 보듯 전설의 땅은 갑자기 눈앞에 나타나는 경우가 많다. 이상향에 도달하기 위해 목숨까지 걸어야 하는 험난한 여정은 담백하게 줄었고, 오히려 그 자리에 발을 들여놓기 위한 자격이나 출신이 중요하게 다루어지는 경우가 많다. 누구나 맘대로 전설의 땅에 들어갈 수 없고 태생을 따지게 된다는 이야기이다. 또 여행 과정의 이야기가 생략된 만큼, '미지의 땅'에 대한 묘사가 천편일률적인 형식을 띠는 유럽에 비하면 더욱 복잡하고 구체적이며 치밀하다.

이 차이는 어디에 있는 것일까.

지중해 세계는 다른 문화와의 교류가 활발해서 다양한 민족이 접촉하고 뒤섞이는 것을 자주 볼 수 있었다. 때문에 현실적으로 '여행'이라는 과정 없이는 저 멀리 떨어진 전설의 땅에 도달하기가 불가능하다고 판단했을 것이다.

반대로 동양은 불교의 삼천세계 등 무한의 내세를 지향하는 풍토가 강하다 보니, 현실성을 따지기보다는 독자적인 우주론을 바탕으로 몽상의 세계를 구축하는 것을 선호했기 때문은 아닐까.

또한 지중해 세계에서는 여행의 영향으로 일찍부터 지도 제작이

성행했다. 이것도 새로운 전설의 땅을 향해 가는 모험과 탐험의 이 야기가 이어져온 주요 요인이 되었다. 중세에는 'TO도'라고 불리 는 지극히 대략적인 세계지도가 제작되었는데, 이는 성지 예루살렘 을 중심으로 아시아, 아프리카, 유럽을 구분하는 T 자형 수역과, 원 반형의 육지를 둘러싼 O 자형의 큰 바다(오케아노스)를 배치한 것이

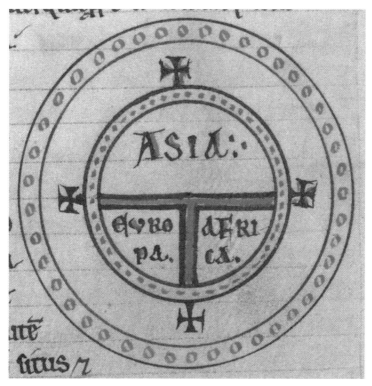

중세의 TO도.

었다.

그 후 미지의 세계가 서서히 드러남에 따라 개량된 '헤리퍼드 마파 문디Hereford Mappa Mundi' 지도와 '카탈란 아틀라스' 지도라고 하는, 다색으로 인쇄된 보다 상세한 지도가 제작되었다. 대항해 시대에 접어들어서는 이전보다 현격하게 정확하고 상세한 지도가 잇따라 나타났다.

그렇다고 해도 이 지도들 역시 그로테스크한 괴수와 괴어怪魚, 기괴한 모습을 한 사람을 비롯해 전설로 여겨져온 섬들과 대륙이 그려져 있는 것을 보면 인간은 변함없이 고대로부터의 공상 세계에 몸을 맡긴 것 같다.

그래서 전설 속 미지의 영역은 더욱 리얼리티를 가진 채 사람들의 가슴속에 다가왔고, 지도에서도 18~19세기 초까지 존속해 대부분이 실제로 존재한다고 믿어져왔던 것이다.

왜 인간은 현실에서 유토피아를 열망하는가?

원칙적으로 전설 속 미지의 영역은 낙원이며 극도로 무한한 행복을 약속받은 공간이다. 따라서 유한하고 고통스러운 현실 세계를 벗어날 수 있는 이상향이어야 한다.

기후는 화창하고 먹을 것은 풍부하며, 전쟁과 언쟁도 없고, 도시와 궁궐은 금은보화로 장식되어 있다는 것이 기본 패턴이다. 그리고 불로장생과 불사不死라는 인간의 근원적인 소망도 충족시켜주는 땅이어야 한다. 바꿔 말하면 고통 없는 무한의 생을 살아갈 수 있는 유토피아일 것이다.

유토피아는 1516년 영국의 토머스 모어가 묘사한 이상적 공산 사회인데, 그리스어로 '어디에도 없는 곳'을 의미한다. 낙원으로서의 유토피아, 꿈같은 땅으로서의 유토피아, 온갖 소원을 들어주는 유토피아는 토머스 모어 스스로가 적절하게 명명했듯이 지금껏 '어디에도 없다'라는 뜻으로 상상 속의 이상향에 지나지 않는다.

그러나 유토피아적인 이상향에 대한 열망과 탐색은 다양한 시대와 장소에서 여러 가지 형태로 기록되고 전달돼왔다. 어디에도 없다고 해놓고선 그런 곳이 반드시 있을 것이라는 이중적인 희망 회로는 인류가 존재하는 한 사라지지 않을 것이다.

그렇다면 전설의 땅은 왜 현실 세계와는 동떨어진 세계일까. 유토피아는 이미 알려진 세계의 경계 밖에 위치한 남미 브라질의 앞바다 대서양에 떠 있는 크루아상 형태의 섬이라고 한다.

그런데 유토피아와 전설의 땅들이 대부분 섬에 있다는 점을 주목해보자. 신비함을 강조하든 천혜의 땅으로 하든, 멀리 떨어진 고도孤島야말로 인간이 추구하는 이상향의 조건에 가장 부합하는 땅일 것이다. 하지만 사방이 물로 둘러싸인 육지만이 섬은 아니다. 섬을 뜻하는 영어의 'Island'에도 '고립되고 격리되었다'라는 의미가 포함된다.

예를 들어 깊은 산속에 있는 중국의 무릉도원, 지하에 만들어진 샴발라(히말라야산맥 북쪽에 현인들이 거주한다는 이상향) 같은 별세계는 모두 속세와 단절된 특별한 성지이다. 지리적 조건에서 바다 위에 있는 섬과 전혀 다르지 않다. 여기에 대부분의 이상향이 폐쇄적이고 고립된 섬을 선호하는 이유가 있다.

어쨌거나 전설 속 미지의 땅은 비록 동경의 대상이긴 하지만 명

도연명의 《도화원기》에 나오는 별천지, 무릉도원.

샴발라의 왕이었던 리그단 타그파.

백한 지리적 사실에 근거해 존재하는 곳이 아니라는 사실만은 확인
했다. 그렇다고 해서 비현실적인 헛된 꿈 같은 이야기라고 아무렇
게나 치부해버릴 수도 없는 노릇이다.

　시대와 환경이 달라도 가혹한 현실과 거기서 살아야 하는 고통스
러운 삶을 부정할 수 없고, 또 생의 앞에는 누구도 피할 수 없는 죽

음이 기다리고 있다. 둘러싸인 환경이 고통스러울수록 허망한 현실에 대한 반발과 도피의 심리도 그만큼 거세질 수밖에 없다. 비현실적인 세계에 몸을 던져 환상의 꿈을 꾸어보고 싶어 하는 이들을 누가 비웃을 수 있을까.

앞으로도 인간이 존재하고 정신 활동이 작동하는 한, 전설의 땅과 낙원에 대한 욕망과 유토피아적 지향도 사라지지 않을 것이다. 그것들은 우리의 마음속에, 또 상상 속의 지도 안에서 분명히 존재할 것이다.

1장
/
하룻밤에 사라진
잃어버린 왕국

아틀란티스 대륙

'잃어버린 낙원'의 대표를 꼽으라면 아틀란티스이다. 아틀란티스의 전설을 탄생시킨 주인공은 고대 그리스 철학자 플라톤. 그의 책에는 대서양에 존재했던 아름다운 낙원의 이미지와 이상적인 통치의 모습이 세세하게 담겨 있다. 이미 당시부터 실체를 의심받고는 있었지만, 근래에 그 침몰의 수수께끼를 둘러싸고 유력한 설들이 부상하는 등 현대까지도 뜨거운 관심사로 주목받고 있다.

그리스 철인 플라톤이 기록한 전설의 대륙

세계 각지의 신화를 비롯해 인류의 역사 속에서는 다양한 형태의 낙원과 이상향, 혹은 별세계가 그려져왔다. 대부분은 인간의 상상력과 잠재의식의 결정체이기 때문에, 그려진 세계 또한 인간의 구체적인 소망을 투영하는 거울에 가깝다. 또 낙원과 이상향은 일견

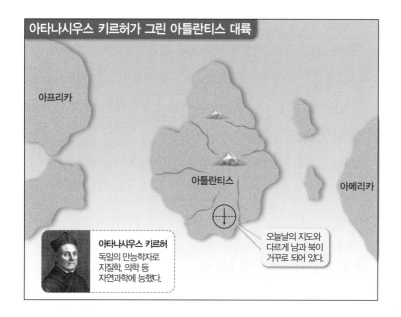

아타나시우스 키르허가 그린 아틀란티스 대륙

영원히 계속될 것 같지만, 한편으론 죽음의 이미지와 멸망의 위험성을 어딘가에 내포하고 있기도 하다.

이러한 낙원과 이상향의 선구적 존재는 아틀란티스 대륙이라고 해도 크게 틀리지 않을 것이다. 그 창시자는 고대 그리스의 위대한 철학자인 플라톤이다. 그가 펴낸 《대화편》 가운데 《티마이오스》와 《크리티아스》의 두 저술에서 전설의 땅을 처음 소개했는데, 아틀란티스의 건국자를 바다의 신 포세이돈으로 두고 있듯이 신화에서 출발했다.

그런데 플라톤은 이 이야기를 일찍이 아테네의 저명한 정치가 솔론이 이집트 체류 중 신관神官에게서 전해 들은 이야기라고 밝힌 뒤 시작한다. 솔론은 이 기묘한 이야기를 당대의 문장 형식인 서사시로 남기지 않고 친구 드로피데스에게 이야기했고, 드로피데스는 아들 크리티아스에게, 크리티아스는 이름이 같은 아들 크리티아스에게 입에서 입으로 전하면서 이어갔다.

그러니까 아틀란티스에 대한 설명은 플라톤이 《크리티아스》에서 이 내용을 사람들에게 언급함으로써 구전으로 빙빙 돌고 돌아 전하는 형식이다. 게다가 플라톤은 아틀란티스의 소멸이 솔론의 시대를

아테네 학당에서의 플라톤(붉은색)과 아리스토텔레스(파란색).

거슬러 올라가 약 9,000년 전, 즉 기원전 9560년경의 사건이라고 덧붙였다.

그래서 고대 그리스 및 로마인들에게 아틀란티스 전설은 아무런 근거가 없는 아득한 과거 세계에 대한 상징적 비유 정도로 여겨졌을 뿐, 진지하게 평가받지 못했다.

심지어 플라톤의 스승 소크라테스는 아틀란티스의 존재를 분명히 부정하면서 어디까지나 가공의 이야기라고 잘라버렸고, 플라톤의 제자인 아리스토텔레스 역시 《크리티아스》가 중간에 끝난 미완성작이라는 점에서 "이야기를 만든 인물이 스스로 이야기를 소멸시켰다"라고 흠을 잡기도 했다. 또 로마 시대의 박물학자 플리니우스도 아틀란티스에 대해서 "플라톤의 이야기를 믿는다면…"이라는 단서를 붙여 인용했다.

그래서 당대 지식인들은 아틀란티스 전설을, 플라톤이 철학적 이념을 예증例證하기 위해서 지어낸 우화로 보기도 했다. 환상의 낙원과 공상의 나라를 만드는 데 그토록 열심이었던 중세인들에게도 스케일이 너무 컸던 것일까, 어쩐 일인지 아틀란티스에 관해서는 강 건너 불구경하듯 냉담했다.

그러다가 19세기 들어서야 사람들은 "비록 이야기라고 하지만 기술이 신기하게 너무나 생생하지 않은가"라며 주목하기 시작했다. 아틀란티스 실존설에 비로소 스포트라이트가 비쳐지게 된 것이다.

"헤라클레스의 기둥 앞에 섬이 하나 있었소"

"이 섬은 단단한 지하자원과 무른 지하자원이 모두 채굴되었다네. 지금은 그저 이름만 남아 있지만 당시엔 실제로 채굴되던 '오레이칼코스'가 금金에 이어 매우 귀중한 금속이었고, 섬 곳곳에 매장되어 있었지. 목재로 쓰일 만한 삼림 자원도 풍부했고, 수많은 종류의 가축과 야생동물도 번성했지. (중략)

이 섬에는 또 오늘날 지상에서 사용하는 향료라면 무엇이든, 그러니까 뿌리든 풀이든 나무에서 나오든, 혹은 꽃이나 과실에서 떨어지는 것이든, 뭐든지 잘 길러냈지. 또한 과일과 우리가 주식으로 쓰는 곡물과 식탁에 곁들이는 여러 음식─ 대체로 우리가 '콩류'라고 부르는 종류의 곡식도 생산되었네.

그리고 음료나 착유搾油용으로 쓰이는 과일, 유희와 오락용으로 재배할 뿐 저장하지 않는 과일, 그리고 과식으로 인한 고통을 완화하는 데 효과가 있는 맛있는 후식용 과일도 재배했지. 이것들은 모두 찬란하게 빛나는 태양 아래에서 아름답고 훌륭하게 한없이 풍부하게 여물었지. 신에게 바쳐진 섬에서 말이야."《크리티아스》

아틀란티스 소개의 한 부분인데, 지상낙원의 이미지로 묘사하는 느낌이 생생하게 잘 전해진다.

아틀란티스는 "저 대양에는, 당신들(그리스인)의 말로는 헤라클레

플라톤이 묘사한 아틀란티스의 중심 도시

관개수로

외부 도시 　　외부 도시

다리

원형 벽

항구

원형 벽

중심 도시 아크로폴리스

선박용 수로

1마일
(약 1,609km)

대서양

플라톤의 《크리티아스》에 따라 재현한 아틀란티스의 도시와 개요.
아틀란티스는 고도의 과학 기술을 가지고 있었다고 전해진다.

플라톤

《크리티아스》
아틀란티스를 최초로 이야기한 플라톤의
책이다. 아틀란티스제국이 왜 멸망했는지에
대한 교훈이 들어 있으며, 마지막 부분은
'아무리 부강한 나라의 뛰어난 통치자라도
본래 가진 덕성과 지혜를 뛰어넘어 탐욕과
오만에 빠지면 언제라도 자멸한다'라고 되어
있다.

스의 기둥(지브롤터 해협)이라고 부른다는 입구의 앞에 섬이 하나 있었소. 그리고 이 섬은 리비아(북아프리카)와 아시아(터키의 아나톨리아 반도)를 합친 것보다 훨씬 컸는데, 당시 항해자들은 그곳에서 다른 섬들로 건너갈 수 있었소"라며 대서양 어딘가에 있었다고 기록되어 있다.

섬은 역삼각형에 가까운 형태를 이루면서 동서 3,000스타디온(1스타디온은 177.6m), 남북 2,000스타디온의 바둑판 모양으로 관개수로 망이 둘러쳐졌고, 남부의 광대한 평야를 제외하면 해안까지 육박하는 험준한 산맥과 그에 둘러싸인 내륙 고원으로 이루어졌으며, 산의 경사면과 촌락에는 많은 가옥이 분포했다.

섬 남단에는 신들을 모시는 아크로폴리스가 있었는데, 그곳은 지름 24km의 동심원형 해자로 둘러싸여 있으며, 중앙에는 왕궁과 포세이돈 신전이 마련되었다. 왕궁의 남쪽으로는 외양外洋과 연결하기 위한 선박용 수로를 직선으로 길게 늘였는데, 길이가 9,250m로 국내외 상선들이 자유롭게 드나들면서 밤낮으로 떠들썩하기 이를 데 없었다고 한다.

또한 아크로폴리스에는 용솟음치는 온천과 냉천이 있고, 그 주위에는 실외는 물론 실내 수영장이 설치되었으며, 그곳에서 흘러나온 물은 수도水道를 통해 '포세이돈의 성림聖林'이라고 불리는 정원에 보내졌다.

아틀란티스는 포세이돈의 10개 왕국으로 구성

아틀란티스는 포세이돈의 후손이 통치하는 10개 왕국으로 구성되었고, 각 왕은 영내에서 절대 권력을 행사했지만 고매한 정신 덕분에 주민들이 압정에 시달리지 않았다.

각 왕 개인의 권한은 무제한이 아니며, ① 어떠한 때라도 각국 간에 무기를 들고 싸워서는 안 된다, ② 만일 한 나라에서 왕위 전복의 반란이 일어날 경우 각국의 왕은 결속해 이에 맞서야 한다, ③ 왕이라도 다른 왕들의 과반 동의가 없으면 다른 왕을 처벌할 수 없다 등의 엄격한 규정이 있었다.

또 군대 조직도 만반의 체제를 갖추고 있었다. 남부의 평야 지대는 6만 개의 행정 구역으로 나뉘어 각각 지역 지도자를 선출했고, 군사 체계 역시 그 아래 조직되었다. 전차는 6개 권역별로 1대씩 총 1만 대를 배치하고, 각 권역에는 전차용 말 2필, 기수 2명, 기병과 마부 각 1명을, 또 중갑병·궁병·투석병 각 2명과 경장투석병·투창병 각 3명을 징집했다. 또한 선박 1,200척의 승무원으로 선박당 선원 4명의 징병을 의무화했다.

대충 계산하면 육군 100만, 수군 24만에 달하는 강대한 병력인데, 이것은 남부 영토만의 규모이고 아틀란티스에는 다른 9개 나라가 있기 때문에 총병력은 정말로 상상을 초월한다는 한마디로 정의

된다.

한편 아틀란티스는 왕과 귀족을 비롯해 일반 시민조차도 사치를 누리는 일종의 지상낙원이었다는 점에서, 상상력 풍부한 연구자와 호사가 중에서는 아틀란티스인이 폭약과 음반(레코드), 서치라이트 같은 것을 발명하는 고도의 과학 기술을 자랑했다고 주장하는 사람도 있다.

영감을 통해 아틀란티스의 생활을 엿보았다고 큰소리쳤던 영국의 신비학자 W. 스콧 엘리엇은 그곳에서는 비행기가 3,000m 상공까지 비행할 수 있고, 귀족들은 시속 200km 정도 내는 자가용 비행기를 갖고 있었다고 주장했다. 또한 황제는 100명 안팎까지 탈 수 있는 제트 추진체 기반의 공중 함대도 보유했다는 기상천외한 주장까지 내놓았다. 덧붙이자면 플라톤은 이런 터무니없는 내용은 한마디도 언급하지 않았다.

아틀란티스는 세계 최초의 문명을 낳은 대륙인가?

이 섬은 하룻밤 만에 해저로 사라졌다고 한다. 도대체 아틀란티스에 무슨 일이 있었던 것일까. 아니, 어쩌면 플라톤의 상상 세계 속에서 만든 픽션이었을까. '대서양 건너편에 있는 섬'처럼 플라톤

의 기술 자체도 해석하기 애매한 부분이 많다. 앞의 《티마이오스》
는 이렇게 기록하고 있다.

"그러나 이후 괴이한 대지진과 대홍수가 연속으로 일어났을 때
가혹한 날이 찾아왔다. 하루 밤낮 사이에 당신네 나라의 전사는 모
두 한꺼번에 땅속으로 삼켜졌고, 아틀란티스섬 역시 바닷속으로 가
라앉은 채 자취를 감춰버렸다."

하지만 어떤 대규모 화산 폭발과 거대한 해일이라도 아틀란티스
정도의 거대한 섬이 한순간에 가라앉는다는 것은 지구물리학상 있
을 수 없는 일이다. 붕괴 요인의 하나로 꼽히는 것은 아틀란티스 사
람들이 사치에 취해 이재만 추구한 결과 신성과 고매한 사상을 잊
어버렸기 때문에 신에게 벌을 받았다는 것이다.

현대인에게도 경종을 울릴 만한 내용이지만 실제로는 어떠했을
까를 묻는다면 누구도 자신 있게 말하기가 곤란할 것이다. 덕분에
아틀란티스 침몰의 수수께끼를 둘러싸고 갑론을박이 전개될 수 있
었다. 이렇게 전설과 가설이 쌓여가면서 드디어 '아틀란티스 붐'이
도래한다.

본격적으로 불을 지핀 것은 19세기 후반 미국인 이그나티우스 도
넬리가 제기한 가설이다. 그는 플라톤의 이야기를 전면적으로 지지
하면서, 아틀란티스는 대서양에 실재했고 세계 최초의 문명을 낳은
대륙이라고 생각했다. 그러면서 아틀란티스 문명은 지중해 연안,

유카탄반도, 잉카, 흑해 연안 등에 전파되었고, 고대 그리스와 오리엔트, 인도 등의 신화에 등장하는 신들이 바로 아틀란티스의 영웅들에서 가져온 것이라고 주장했다.

또 고대 이집트 문명과 알파벳 문자, 대홍수 전설,《구약성서》의 〈창세기〉는 모두 아틀란티스의 유산을 베꼈으며, 아리아계와 셈계의 백인종은 모두 아틀란티스가 고향이라고 진지하게 말했다.

그 후 도넬리설은 지나치게 통속적이라고 해서 퇴조했고, 최근에는 에게해의 산토리섬(현재의 티라섬)에 있던 미노아 문명의 붕괴를 윤색한 것이 아니냐는, 보다 현실적인 가설이 주목받고 있다. 기원전 1470년경, 메사부노 화산이 섬의 3분의 2를 날려버릴 정도의 대폭발을 일으켰다고 하는데, 이것을 아틀란티스 전설에 대입하면 모든 면이 잘 들어맞는다.

섬 하나가 하루아침에 지워질 정도의 대폭발이라면 후세까지 여러 가지 전승으로 전해졌을 텐데, 플라톤은 왜 그것을 군이 '헤라클레스의 기둥' 밖에다 두었을까.

무
대륙

태평양에서도 '환상의 대륙'이 하루아침에 소멸했다. 19세기에 발표된 이 설은 '아틀란티스의 복사판'으로서 과학적으로는 논거가 없다. 하지만 태평양의 섬들에는 파괴적인 홍수 전설이 남아 있고, 아직 해명되지 않은 거대 문명의 흔적도 여기저기 흩어져 있다. 무 대륙의 존재도 마냥 부정할 수만은 없다.

'잃어버린 무 대륙'이라는 세기의 기고문

수만 년 정도 시간을 거슬러 올라가 정신이 아득할 정도로 시곗바늘을 거꾸로 돌리면, 태평양의 거의 정중앙에 '무Mu'라고 불리는 대륙이 펼쳐져 있었다.

대륙의 면적은 동서 8,000km와 남북 5,000km, 현재의 이스터섬에서 마리아나 제도, 하와이 제도, 통가 제도까지를 포함하는 크기

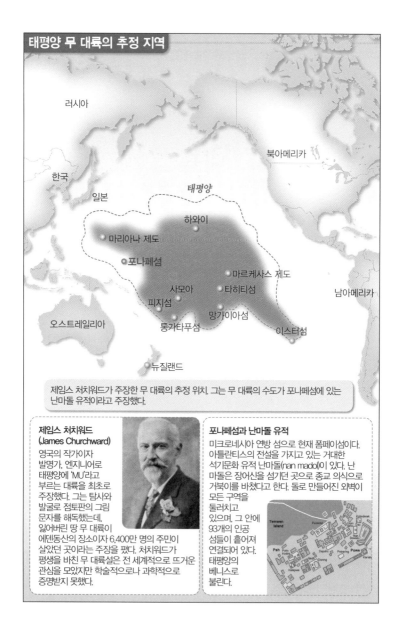

태평양 무 대륙의 추정 지역

러시아

북아메리카

한국

일본

태평양

하와이

마리아나 제도

포나페섬

마르케사스 제도

사모아

타히티섬

피지섬

남아메리카

망가이아섬

오스트레일리아

통가타푸섬

이스터섬

뉴질랜드

제임스 처치워드가 주장한 무 대륙의 추정 위치. 그는 무 대륙의 수도가 포나페섬에 있는 난마돌 유적이라고 주장했다.

제임스 처치워드 (James Churchward)

영국의 작가이자 발명가, 엔지니어로 태평양에 'MU'라고 부르는 대륙을 최초로 주장했다. 그는 탐사와 발굴로 점토판의 그림 문자를 해독했는데, 잃어버린 땅 무 대륙이 에덴동산의 장소이자 6,400만 명의 주민이 살았던 곳이라는 주장을 폈다. 처치워드가 평생을 바친 무 대륙설은 전 세계적으로 뜨거운 관심을 모았지만 학술적으로나 과학적으로 증명받지 못했다.

포나페섬과 난마돌 유적

미크로네시아 연방 섬으로 현재 폼페이섬이다. 아틀란티스의 전설을 가지고 있는 거대한 석기문화 유적 난마돌(nan madol)이 있다. 난마돌은 장어신을 섬기던 곳으로 종교 의식으로 거북이를 바쳤다고 한다. 돌로 만들어진 외벽이 모든 구역을 둘러치고 있으며, 그 안에 93개의 인공 섬들이 흩어져 연결되어 있다. 태평양의 베니스로 불린다.

이다. 그곳에는 '태양의 제국'이라는 칭송을 받으며 온갖 영화를 누린 나라가 있었다고 한다. 그런데 1만 2,000년 전 어느 날 홀연히 바닷속으로 사라졌다.

그렇다면 태평양에도 환상의 대륙이 존재했던 것은 아닐까. 이런 추론이 도마에 오르게 된 것은 아틀란티스 전설보다도 훨씬 늦은 19세기 이후의 일이다.

이를 정면으로 들고 나온 것은 영국계 미국인인 제임스 처치워드라는 퇴역 군인으로, 그가 1926년부터 순차적으로 발표한 '잃어버린 무 대륙'이라는 세기의 기고문에 의해서였다.

무 대륙의 원전이 된 것은 그가 인도에 주둔했을 때 카슈미르 지방의 힌두교 사원에서 고승들이 '대외비'라며 보여준 점토판 '나칼 비문'이다. 그것은 무 대륙과 그 멸망까지의 경위가 그림문자로 기록된, 정말 기이한 문헌이었다.

그런데 처치워드의 경력 자체가 무 대륙과 마찬가지로 수수께끼에 싸여 있어서 실체를 알 수 없는 불가해한 인물이라는 이미지가 따라다닌다. 단순한 오컬티스트(신비학자)에서 허언증 환자로까지도 손가락질받기도 하는데, 이 책 역시 '위서偽書'라고 냉소받기도 한다.

고문古文의 해독 역시 객관성이 부족하고 모든 것을 자신의 주장에 유리하게 해석하는 경향이 있으며, 내용이 서로 모순될 뿐 아니라 애매모호하게 남겨둔 부분도 적지 않다.

일례를 들면, 처치워드는 나칼 비문을 들여다볼 수 있도록 특별히 허락받은 것이 1868년이라고 기록했는데, 그것은 그가 불과 16세 때이다. 그렇게 극도로 비밀스럽게 다뤄진 기록을 아직 자기 앞가림도 못 하는 타국의 소년(자신은 본래 청년 무관이었다고 사칭하지만)에게 털어놓다니, 사실상 일반적인 범주를 넘어선 허무맹랑한 이야기라고 폄하되더라도 어쩔 수 없는 일이다.

그렇다고는 해도 이론의 전개가 매우 독특하고 로망으로 가득 차 세상 사람들의 마음을 사로잡아온 것도 사실이다. 그렇다면 무 대륙이란 어떤 낙원이었을까. 먼저 처치워드의 기술부터 살펴보자.

5만 년 전, 무 대륙에 최초 인류가 탄생

무 대륙에 최초로 인류가 탄생한 것은 대략 5만 년 전으로, 그 후로 문명과 문화를 현란하게 꽃피워 나갔다. 수도는 히라니프라라고 불렸는데, 현재의 미크로네시아 포나페섬(폼페이섬)의 난마돌 유적이 이에 해당한다.

대륙은 수도를 포함해 7개의 대도시가 있으며, 최성기에 600만 명의 인구를 거느렸다고 한다. 10개 민족으로 이루어진 주민들은 피부, 머리, 눈 등의 색깔은 다양했지만, 인종에 따른 차별은 일절 없었고 라 무, 즉 '태양의 무'라고 불리는 제왕이 통치했다.

이들은 학문과 기술이 우수했고 특히 항해술에 능통해 넓은 대양 구석구석까지 항로를 열어 서쪽으로는 아시아 대륙에서 유럽까지, 동쪽으로는 아메리카 대륙을 식민지로 삼을 정도로 힘을 과시했다고 한다.

또 처치워드는 다음과 같이 말한다.

"대륙은 좁은 해협에 의해 세 갈래로 나뉘어 있는데, 완만한 언덕 외에 산이라고 부를 만한 것은 없었다. 문화의 중심인 7개 대도시를 중심으로 납작한 돌이 촘촘하게 깔린 넓은 도로가 도시에서 도시로, 마을에서 마을로, 촌락에서 촌락으로 그물망처럼 뻗어 있었다. 대도시에는 거대한 석조 관청, 궁전, 신전, 거기에 아기자기한 저택과 민가가 줄지어 늘어서 있었다. 지붕이 열린 신전에서는 독실한 신자들이 햇살을 받으며 무릎을 꿇고 천천히 신에게 기도를 올리고 있었다."《잃어버린 무 대륙》

한편 항구는 세계 각지의 진귀한 물품과 산물이 모여드는 곳이었다. 상인들이 호객하거나 흥정하는 목소리가 밤낮없이 끊이지 않았고, 운하에서는 눈부신 의상을 차려입은 부호들이 많은 하인의 시중을 받으며 음악에 맞춰 뱃놀이를 즐겼다고 한다.

완만한 언덕으로 겹겹이 둘러싸인 자연 경관은 생동감 넘치는 녹색의 낙원이라고 할 만하다.

"바닷가의 야자수는 하구에서 내륙에 이르기까지 강 주변을 아름다운 녹색으로 뒤덮고 있었다. 완만한 언덕 사이의 골짜기에서 샘솟은 물은 곧 강이 되어 울창한 열대우림 사이를 누비며 천천히 평야를 가로질러 흘러갔다. 나무뿌리, 잎사귀, 꽃, 수액, 과일 등에서는 향신료뿐 아니라 신선한 음료와 음식까지 구할 수 있었다.

풍부한 물, 온화한 기후, 비옥한 땅은 재배의 노력을 쏟지 않아도 자연의 은총만으로도 열매를 풍성히 맺게 해줬다. 물가에는 연꽃이 청아하게 흰 꽃을 피웠고, 서늘한 나무 그늘에서는 커다란 나비가 형형색색의 날개를 너울거리며 춤추고 있었다.

나뭇가지 사이를 비쳐 들어오는 햇빛을 가리며 스르릉거리며 우는 풀벌레들, 나무에 앉아 지저귀는 작은 새들과 이에 지지 않으려는 듯 맴맴거리는 매미들은 자기 세상인 양 봄을 노래하고 있었다."

그림 같은 낙원 그 자체이다. 지금보다 한층 더 원시적인 모습인 이 울창한 숲에는 코끼리의 일종인 마스토돈 무리가 으스대며 다녔다고 전해진다.

무 대륙의 탄생과 소멸은 아틀란티스의 복사판

무 대륙의 황금시대는 영원히 이어질 거라고 여겨졌으나 번영의 절정기에 파국을 맞았다. 그것은 갑작스레 벌어졌다. 어느 날 땅 밑에서 섬뜩한 울림이 전해지는가 하는 순간, 발밑이 크게 흔들리면서 땅이 갈라지고 거대한 불기둥이 솟아오르며 펄펄 끓는 용암이 흘러나왔다.

이렇게 대지진과 분화 활동이 지상의 모든 것을 뿌리째 뽑아버렸고, 굉음과 함께 대지는 산산이 부서져 함몰되었다. 또한 사방에서 바닷물이 유입돼 그토록 강대한 대제국이 하루아침에 흔적도 없이 바닷속으로 사라져버렸다고 한다.

이것은 대략 무 대륙의 파국 전후라고 하지만, 소멸 원인과 경위, 후일담에 이르기까지 아틀란티스의 복사판이라고 해도 좋을 정도이다.

처치워드는 무 대륙 소멸의 원인이 지하층에 가득 찬 가스의 연쇄 폭발이라고 지적했다.

태고에 지각이 형성되는 과정에서 폭발성 가스가 화강암 속에 대량으로 축적되었는데, 출구가 막히자 땅속에서 가스벨트라고 불리는 거대한 벌집 모양의 구멍(공동)을 발달시켰다. 그 가스가 어떤 이유로 지상으로 분출해버렸기 때문에, 지지대를 잃은 지반이 어이

없이 붕괴해 바닷속에 잠겼다는 것이다.

또한 아틀란티스 대륙 역시 이 같은 구조에 의해 하루아침에 바닷속으로 가라앉았다는 것이 처치워드의 설명이다.

태평양 섬 각지에 존재하는 지상낙원(?)의 흔적들

그러나 현재까지 태평양에는 지질학적으로나 지구물리학적으로나 거대한 대륙이 가라앉아 있다는 흔적은 특별히 발견되지 않았다.

서태평양에서는 기요(Guyot: 심해에 돌출되어 있으면서 꼭대기는 평탄한 지형)라고 부르는 해산海山을 볼 수 있다. 이것은 분명 먼 과거에 해면에 얼굴을 내밀고 있던 섬의 자취이긴 하지만, 기요가 육지였다고 추정되는 시대는 지금으로부터 수만 년에서 수백만 년이나 거슬러 올라가야 하기 때문에 무제국이나 인류 문명 연대와는 오차가 너무 크다.

이에 대해 처치워드는 반박한다. '낙원의 수몰에서 벗어난 얼마 남지 않은 대륙의 조각 일부가 지금도 바다 위에 흩어져 있는 작은 섬들로 남아 있는 것이 아닐까?'라고 말이다.

그의 설을 뒷받침이라도 하듯 태평양의 여러 섬에서는 오래전부

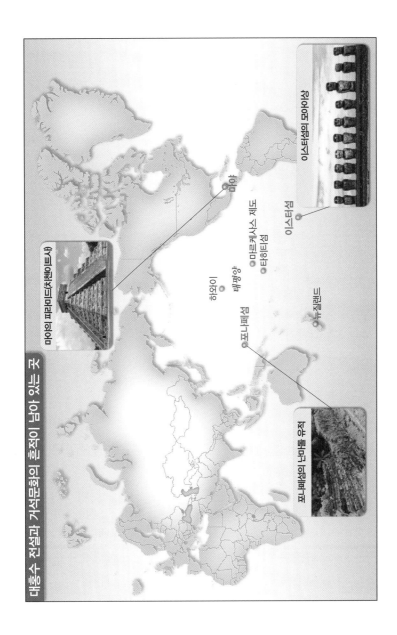

대홍수 전설과 거석문화의 흔적이 남아 있는 곳

이스터섬의 모아이 상

마야의 피라미드(치첸이트사)

포나페섬의 난마톨 유적

하와이

태평양

마르케사스 제도

타히티섬

뉴질랜드

포나페섬

이스터섬

터 파괴적인 홍수 전승이 전해 내려오고 있다. 또 이스터섬의 모아이상과 포나페섬의 난마돌, 마야의 피라미드 유적 등 곳곳에 있는 거석문화의 흔적도 여전히 수수께끼로 남겨져 있다.

또 같은 시기의 《구약성서》 〈창세기〉를 비롯해 세계 각지에 전해지는 천지창조 신화의 대부분은 무제국의 붕괴가 기원이라고 그는 언급한다.

무제국의 영화와 소멸은 사실에 입각한 이야기일까.

태평양 제도의 각지에 전해지는 홍수 전설은 아마 지진에 의해 발생한 큰 쓰나미나 허리케인에 의해 고조된 해일의 내습이 아닐까 하고 추측된다.

어느 날 갑자기 예고 없이 닥쳐오는 지진과 쓰나미는 섬 주민들에게 공포의 대상 자체였을 것이다. 특히 수면에서 겨우 수 미터 올라온 산호초섬에 사는 사람들은 말할 나위도 없었다.

이렇게 섬을 파괴하는 자연현상이 오랜 기간에 걸쳐 숙성되면서 천지창조 전설과 결합한다고 해도 조금도 어색하지 않다. 처치워드는 태평양의 각지에서 이러한 낙원 붕괴의 구전을 많이 전해 들은 것은 아닐까.

지금 시점에서는 무 대륙의 실재에 대해 긍정도 부정도 할 수 없다. 양측이 서로 자신의 주장을 입증할 만한 결정적 자료가 없기 때문이다. 처치워드의 보고서도 무 대륙의 존재를 보강할 만한 확고

한 증거물이라고 할 수는 없다. 그렇지만 그가 제시한 무 대륙의 수수께끼는 우리 안의 상상력을 자극하는 판타지로서 충분한 존재 가치가 있지 않을까.

레무리아
대륙

1960년대 이후 발전한 학설 '판 구조론 plate tectonics'은 대륙의 분리와 소멸이 일어날 수 있다고 해서, 한때 인도양에 거대한 대륙 레무리아가 있었을 가능성을 뒷받침했다. 하지만 인류는커녕 포유류가 이제 막 출현했을 뿐인 지구에 과연 초고대 문명이 존재했을까?

마다가스카르섬에서 수마트라섬에 걸친 초고대 대륙

'잃어버린 대륙'이라는 울림에 매혹되는 것은 아득히 먼 옛날 자신의 조상이 어떻게 살았는지, 그 빈 공간을 메꾸려는 유전적 기억이 인간의 마음속 본능을 일렁이게 만들기 때문은 아닐까.

초고대 대륙 판게아와 곤드와나 등을 설명한 대륙 이동설 정도가 학설의 본류겠지만, 역시 인류가 창조한 현란하고 호화로운 고대

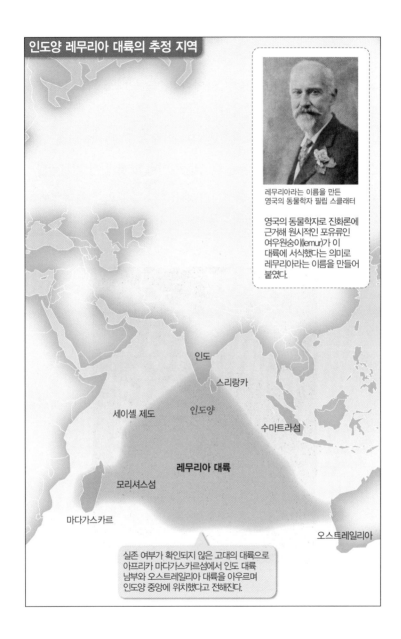

인도양 레무리아 대륙의 추정 지역

레무리아라는 이름을 만든
영국의 동물학자 필립 스클래터

영국의 동물학자로 진화론에
근거해 원시적인 포유류인
여우원숭이(lemur)가 이
대륙에 서식했다는 의미로
레무리아라는 이름을 만들어
붙였다.

인도

스리랑카

세이셸 제도   인도양

수마트라섬

레무리아 대륙

모리셔스섬

마다가스카르

오스트레일리아

실존 여부가 확인되지 않은 고대의 대륙으로
아프리카 마다가스카르섬에서 인도 대륙
남부와 오스트레일리아 대륙을 아우르며
인도양 중앙에 위치했다고 전해진다.

문명이 함께 따라와야 신비성과 판타지의 매력이 증폭된다. 이러한 요건을 갖춘 초고대 문명의 대륙이라면 아틀란티스, 무, 그리고 레무리아의 세 개 대륙을 대표적으로 꼽을 수 있다.

그러나 앞선 두 대륙은 전설과 낭만적 색채가 짙은 데 비해, 레무리아는 실존 여부를 떠나 좀 더 전문적이라고 할 만한 리얼리티가 있다. 이 때문에 세 대륙 중에서는 화려함이 덜하고, 전체적으로 시선을 잡아끄는 매력이 떨어지는 것도 어쩔 수 없다.

레무리아의 어원이 된 여우원숭이, 2003년, © Adrian Pingstone, W-C.

레무리아의 지리적 위치에 대해서는 여러 설이 있지만, 일반적으로는 아프리카 동부의 마다가스카르섬에서 아라비아해를 거쳐 수마트라섬에 이르는 인도양의 거의 중앙에 있었다고 한다.

레무리아로 명명한 것은 19세기 중엽의 영국 동물학자 필립 L. 스클래터인데, 그는 레무르(여우원숭이)의 서식 분포를 조사하다가 특이한 사실을 발견했다. 레무르가 마다가스카르, 남인도, 스리랑카, 수마트라 등 인도양 연안 지역에는 분포하는데도 고작 해협이 하나 떨어진 아프리카 대륙에 서식하지 않는다는 것이다. 스클래터는 태초에 이들 레무르의 서식지를 이어주는, 하지만 지금은 사라진 대륙이 존재했을 것이라는 가설을 세웠다. 그리고 언제쯤인지는 불명확하지만 이 대륙이 해저에 가라앉았을 것이라고 추측했다.

실로 대담하기 짝이 없는 이 새로운 가설에 대해서 학계 등 관계자들은 묵살하는 것으로 응답을 대신했다. 그렇지만 한편에서 '잃어버린 대륙설'을 지지한 학자들이 극소수 있어서, 독일의 생물학자 에른스트 헤켈 등은 레무리아야말로 인류의 발상지라고 주장했다.

하지만 이후 조사를 통해 레무르 화석이 유럽과 북미 대륙에서도 발굴되고 분포지가 확대되자 레무리아 대륙은 상상화 같은 이야기로 여겨졌고, 이에 대해 관심을 기울이는 학자도 점차 자취를 감추게 되었다.

'대륙 이동설'로 다시 레무리아 대륙 클로즈업

지질학과 지구물리학이 비약적으로 발달한 20세기에 접어들면서 자취가 희미해지던 레무리아 대륙설이 부상해 다시 시끄러워졌다. 1912년 독일 지구물리학자 알프레드 베게너의 '대륙 이동설'이 먼저 불을 붙였다.

그는 각 대륙이 고생대에는 한 덩어리를 이루었다가 이후 분열하고 표류하면서 현재처럼 분포하게 되었다고 주장했다. 이 기발한 이론은 대륙을 이동시키는 힘을 증명할 수 없었기에 1930년대엔 인기가 시들해졌다. 그러나 1950년대 이후 지구 표층의 판이 끊임없이 이동하고 있다는 '판 구조론'으로 계승되면서, 오늘날의 지구물리학에서는 거의 정설처럼 받아들여지고 있다.

그러므로 이 이론에 근거하면 대륙의 분리·소멸은 이상하지 않고, 분열하는 과정에서 인도양에 대륙이 있다고 해도 이론상의 모순은 없다. 사실 다양한 과학적 조사에 의해 인도양 일대에 거대한 대륙이 실제로 있었다는 것을 이제 우리는 인정하고 있다.

남미, 아프리카, 인도, 호주 등 각 대륙은 지질학적으로 동일한데다 출토되는 동식물의 화석 분포를 조사해도 서로 연결되어 있는 불가분의 관계이다. 이들이 연결되어 있었던 남반구의 거대 대륙을 곤드와나라고 부른다. 북반구의 고대 대륙 로렌시아와는 확

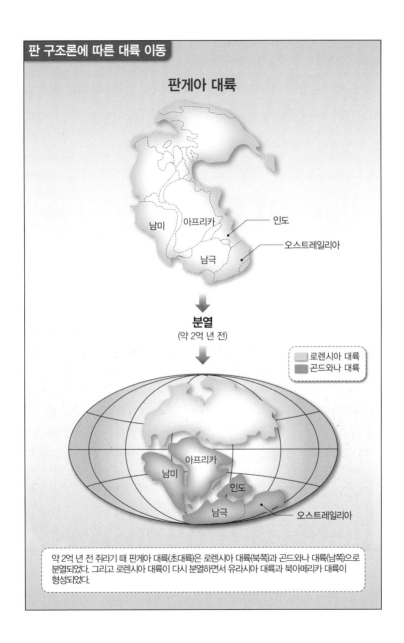

판 구조론에 따른 대륙 이동

판게아 대륙

남미
아프리카
인도
오스트레일리아
남극

분열
(약 2억 년 전)

로렌시아 대륙
곤드와나 대륙

아프리카
남미
인도
남극
오스트레일리아

약 2억 년 전 쥐라기 때 판게아 대륙(초대륙)은 로렌시아 대륙(북쪽)과 곤드와나 대륙(남쪽)으로 분열되었다. 그리고 로렌시아 대륙이 다시 분열하면서 유라시아 대륙과 북아메리카 대륙이 형성되었다.

연히 다르다.

곤드와나는 2억 년 전부터 1억 4,000만 년 전까지 존재했다가 분리되었는데, 여기서 북진한 인도는 유라시아와 부딪쳤고, 그 충격으로 현재의 히말라야산맥이 만들어졌다고 한다.

그것은 지질 시대의 구분으로 말하자면 중생대의 쥐라기, 그러니까 거대한 육식 공룡들이 꿈틀대던 시대에 해당한다. 인류는커녕 포유류의 조상이 이제 겨우 나타났을 무렵인 셈이다.

곤드와나와 레무리아를 비중 있게 연결해 어떻게든 이곳에서 초

《마하바라타》의 한 장면. 《마하바라타》는 세계에서 세 번째로 긴 서사시로
제6권에 힌두교 사상의 정수가 들어 있다.

고대 문명의 흔적을 찾아보려는 연구가와 신비 사상가가 끊이지 않지만, 이처럼 시간의 간극이 너무나 크기 때문에 설득력이 없는 이야기에 머물고 있다.

이 때문에 시공간의 간극을 아예 초월하는 시나리오도 나왔다. 독일의 한 학자는 화성인이 지구로 날아와 현재의 인류의 조상을 만들고, 후에 지구의 지배권을 둘러싸고 금성인과 레무리아를 무대로 핵전쟁을 전개했으며, 이 때문에 레무리아가 어이없이 침몰해버리지만 그 과정은 고대 인도의 서사시 《마하바라타》에도 묘사되어 있다고 주장한다. SF나 다름없는 진기한 가설까지 생겨난 것이다.

태평양 무제국의 모체가 된 레무리아

"말 그대로 지상낙원이었다. 숨 막힐 듯한 녹색의 열대우림이 펼쳐져 있었고, 완만한 언덕에는 화초가 활짝 피어 흐드러진 모습이 색채의 경연이라 할 만했다. 나뭇가지가 휘어질 정도로 열매가 여물어 있는 과수원에서 사람들은 새들과 함께 노래하고 화려한 나비들과 놀았다.

의상, 주거, 수도 시설과 관개 시설을 비롯해 종횡으로 뻗은 수로, 정비된 도로망, 거대한 석조 건축과 사원 등을 보면 고도의 문명이 구축되어 있음은 한눈에 알 수 있었고, 이곳에 사는 사람들 중에 그 혜택을 받지 못하는 사람은 단 한 명도 없었다. 각지에 지배자가 있었지만 그들의 정점에는 위대한 왕이 군림했다. 축제도 중단 없이 열렸고, 파괴·궤멸·공포·암흑·사악 같은 단어는 어디에도 없었다."

20세기 전반 스코틀랜드의 신화학자 루이스 스펜서는 레무리아의 모습을 직접 봤던 것처럼 생생하게 묘사했다. 다만 이 내용은 처치워드의 무 대륙과 '오십보백보'라는 점에서 스펜서가 처치워드의 영향을 얼마나 강하게 받았는지를 보여줄 뿐이다.

스펜서는 무 대륙이 레무리아 대륙의 다른 이름이라고 했으니까 똑같은 묘사라도 우연만은 아니다. 무 대륙의 제창자인 처치워드 자신도 아틀란티스에 대해 논하면서, 초고대 대륙 레무리아가 수십 회의 지각 변동을 반복해서 거친 뒤 약 5만 년 전에 태평양에 무 대륙으로 다시 태어났다고 했다. 즉 레무리아는 무의 모체였다고 설명했다.

다만 태평양에는 규명되지 않은 거석문화 유적이 여기저기 흩어져 있는 반면, 인도양 주변부에서는 현대까지 레무리아 대륙의 실재와 연관될 만한 유적이나 유물이 발견되었다는 소식은 들리지 않는다.

인도 남쪽 바다에 있었다고 하는 두 개의 섬

여러 가지 설이 있지만, 인더스 문화를 대표하는 도시 유적 하라파와 모헨조다로를 건설한 것은 일반적으로 남인도 일대에 거주하는 드라비다계 타밀인으로 알려져 있다.

그들의 조국은 인도 남쪽에 있는 타마라함이라 불리는 나라로, 수도는 최고신 시바에 의해 창조된 마두라이였는데 어느 날 갑자기 바다에 휩쓸려 멸망했다는 전승 문학과 설화가 전해진다.

대단히 수준 높은 문명을 자랑했던 이곳이 물에 잠기자 무사히 달아난 사람들은 인도반도에 상륙한 뒤에 인더스강으로 북상해 모헨조다로와 하라파 등을 건설했다는 주장도 지지 기반이 단단하다. 실제로 모헨조다로와 하라파를 비롯한 고대 인도의 도시 주민들은 모두 드라비다 문자를 기본으로 기록을 남겼다고 한다.

고대에는 인도의 남쪽 해상에 싱할라드비파와 타프로바나라고 불리는 두 개의 큰 섬이 있다고 전해져왔다. 그러나 인도 남쪽의 큰 섬이라고 한다면 싱할라드비파(싱할라섬 혹은 싱할라주)가 있는데, 이후 실론이라고 불리게 된 섬 하나뿐이다. 그렇다면 타프로바나는 단순한 상상의 산물이었을까, 혹은 싱할라드비파와 혼동되었던 것일까?

이들 섬의 존재는 고대 그리스 시대에 유럽으로 전해진 것 같다. 예를 들면 지구 둘레를 계산한 에라토스테네스는 인도 대륙 최남단

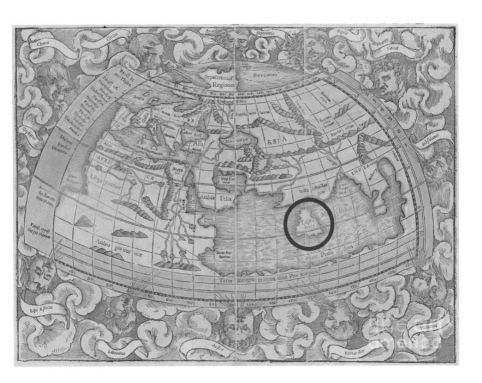

1540년 세바스티안 뮌스터가 작성한 타프로바나 지도. 인도 남쪽의 거대한 섬이라면 실론섬이라고 할 수 있는데, 타프로바나라는 또 다른 거대한 섬이 있다고 전해져왔다. 과연 이 섬은 레무리아 대륙과 어떤 관계가 있었을까?

에서 남쪽으로 바다를 7일 정도 항해하면 섬이 나오는데, 8,000스타디온(약 1,600km) 정도 서쪽으로 뻗어 있다며 타프로바나의 위치를 소개했다.

　마찬가지로 고대 로마의 지리학자 스트라본은 "타프로바나는 대륙에서 20일 항해 거리에 있는 섬으로, 길이는 5,000스타디온(약 1,000km)으로 가로세로의 차이가 없다. 이 밖에도 타프로바나와 인도 사이에 섬이 여러 개 더 있는데 타프로바나가 가장 남쪽에 있으며, 타프로바나 근처에는 소와 말, 그 외에 동물과 비슷한 수륙양생의 괴수들이 살고 있다"라고 기록하고 있다.

또 고대 인도의 서사시 《라마야나》에서 나찰의 왕 라바나가 사는 섬 랑카는 현재의 실론섬으로 추정된다고 하지만, 실제 소재는 불분명해 아직까지도 논쟁이 계속될 정도이다. 《라마야나》에서 랑카섬은 대양의 저 멀리 인도 대륙에서 100요자나(고대 인도에서 사용한 길이 단위로 1요자나는 약 15km에 해당) 거리에 위치한다고 한다.

하지만 그렇다면 랑카섬은 인도에서 1,500km나 떨어진 남쪽 어딘가에 있다는 계산이 나온다. 어느 쪽 내용도 현재의 실론섬이 가진 지리 조건과 부합하지 않으며 공통점이 없는 것이나 마찬가지이다. 어째서 이런 거대한 섬이 인도 남쪽 바다에 그려졌던 것일까.

다만 이러한 내용들은 먼 옛날 인도양에 대륙처럼 거대한 섬이 있었다고 추리하기에 충분한 재료라고 말할 수는 있을 것이다. 물론 그렇다고 해서 타프로바나와 랑카섬이 예전의 레무리아라고 단언할 만한 근거는 없다.

레무리아에 대한 것은 다양한 전승이나 지질학과 지구물리학 등이 쌓아 올린 성과에서 이끌어낸 가설에 지나지 않는다. 레무리아의 존재를 긍정하더라도 그 대답은 인도양의 바닷속 깊이 숨겨져 있을 것이다.

아발론
섬

아서왕 전설은 지금도 영화로 만들어지는 등 좀처럼 식지 않는 인기를 자랑한다. 왕이 '마지막 휴식'을 취한 아발론섬은 과연 어느 곳인지, 예부터 다양한 장소가 후보로 거론되어왔다. 그러던 중 1191년 잉글랜드 남서부의 수도원에서 묘비명과 함께 두 구의 유골이 발견된다. 이것은 정말 아서왕과 귀네비어 왕비였을까?

아서왕 전설은 유럽 판타지 문학의 집대성

아서왕 전설은 1,000년 가까이 잉글랜드와 웨일스의 국민적 서사시로 사랑받았다. 기사도 정신과 기독교적 의례가 맞닿은 이 영웅담은 여전히 뜨겁게 회자되면서 문학, 영화, 연극 등의 주제로 즐겨 쓰이고 있다.

삽화로 그린 아서왕, 1385년.

성검 엑스칼리버, 신비의 상징 '성배' 탐색, 마법사 멀린, 무용武勇을 자랑하는 원탁의 기사들, 왕비와 기사의 로맨스, 이계異界와의 교류 등 영웅담의 매력을 가득 담은 중세 유럽 판타지 문학의 집대성이라 할 만하다.

성검 엑스칼리버를 얻어 여러 왕국을 평정한 브리튼섬의 왕 아서는 귀네비어 공주와 결혼해 로마 원정길에 오르지만, 원정을 떠난 사이 조카 모드레드의 반역으로 왕위와 왕비를 빼앗기고 만다. 급거 귀국한 아서왕은 이에 맞서 토벌에 나섰지만 자신도 다쳐 영원한 섬 아발론으로 떠난다.

이것이 예부터 전해지는 줄거리이지만 후에 원탁의 기사, 성배 전설, 왕비 귀네비어와 기사 랜슬롯의 불륜 등 여러 가지 극적인 요소가 더해져, 1485년 간행된 《아서왕의 죽음Le Morte D'Arthur》(토머스 맬러리 지음)에 의해서 현재의 스토리가 완성되었다.

그러나 아서왕은 어디까지나 전설상의 인물로 간주될 뿐, 실존 여부는 밝혀지지 않았다. 극히 단편적인 사료밖에 남아 있지 않기 때문이다.

이를 종합하면 아서왕의 원형이 된 인물은 유럽의 원주민인 켈트계 브리튼인의 피를 이어받은 귀족의 아들로, 490년경 태어나 대륙에서 침입한 색슨족 군대와의 전투에서 무훈을 세웠고 537년 캄란 전투에서 전사했다고 전해진다.

본명도 켈트어의 알토스나 라틴어의 알토리우스 외에 연대기에도 등장하는 지도자 암브로시우스 아우렐리우스와 혼동했다는 설도 있어 일정하지 않다. 직함 역시 '둑스 벨로룸Dux bellorum'이라고 불리는 사령관에 머물렀을 뿐, 왕이라는 칭호와는 거리가 멀다는 평가도 있다.

또 아서왕이라고 하면 중장비의 갑옷이나 투구로 무장했다는 이미지가 강하지만, 그것은 중세 이후의 전투복이기 때문에 당시에는 겨우 쇠사슬을 엮은 정도의 가벼운 무장이었다.

다만 적어도 그가 고대 로마군의 막강한 전력과 맞서 싸우는 법을 익혔고, 특히 무장한 기병대를 잘 구사할 수 있었기 때문에 연전연승한 것이라는 지적도 있다.

아무래도 훗날 아서왕의 모델이 된 용감한 무장이 실존했음은 부인할 수 없지만, 그렇다고 중세 기사도의 거울처럼 그려진 불세출의 영웅으로 숭배하는 것은 과하다는 지적이 많다. 어쨌든 일개 무장을 전설의 영웅으로 만든 장본인은 12세기 전반의 웨일스 지방 몬머스의 수도사 제프리인데, 그가 집필한 《브리튼왕 열전》에 의해서였다.

아서왕과 원탁의 기사들의 궁전이 있던 카멜롯

아서왕 전설의 연고가 있는 곳은 브리튼섬 각지에 흩어져 있는데, 이야기의 정점이 되는 장소는 아서왕과 원탁의 기사들이 머물던 궁전이 있던 카멜롯과, 왕이 '영원한 휴식'을 취한 아발론섬 등 두 곳이 손꼽힌다.

전설의 도시 카멜롯으로 상정되는 지역에 대해서는 여러 설이 난무한다. 《아서왕의 죽음》의 저자 맬러리는 잉글랜드 남부의 소도시 윈체스터를 지목했다. 지금도 윈체스터성 홀의 서쪽 벽에는 누가 만들었는지 모르지만 오크로 만들어진 '원탁'의 테이블이 걸려 있다. 하지만 이 성은 11세기 후반 정복왕 윌리엄에 의해 세워졌기 때문에 아서왕의 전설과는 아무런 접점이 없는 것으로 알려져 있다. 원탁 자체가 12세기 무렵의 것으로, 원탁에 그려진 그림은 헨리 8세의 주문에 따라 16세기에 제작되었다고 한다. 따라서 윈체스터설은 근거 없는 허구라고 해도 무방하다.

많은 연구자가 제안하는 곳은 콘월반도 끝 근방에 있는 캐멀포드라는 마을이다. 이곳이 유력시되는 것은 웨일스 등과 함께 오랜 기간에 걸쳐 켈트 문화권이 녹아들었다는 점, 주변에 아서왕 최후의 전적지인 슬로터 브리지, 성검 엑스칼리버를 던졌다는 호수 도즈마리 호수, 회합 등에 적합한 궁전의 넓은 공간의 유적, 그리고 출생

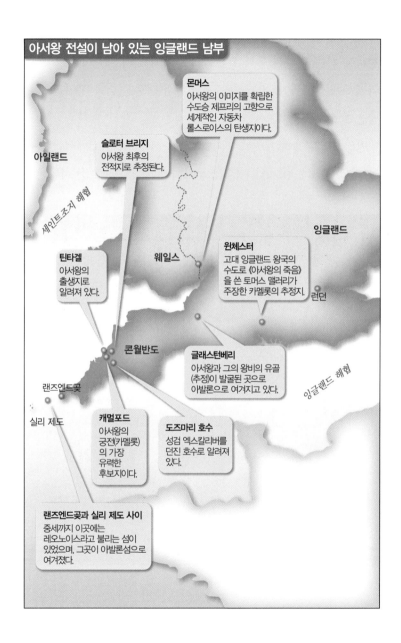

아서왕 전설이 남아 있는 잉글랜드 남부

몬머스
아서왕의 이미지를 확립한
수도승 제프리의 고향으로
세계적인 자동차
롤스로이스의 탄생지이다.

슬로터 브리지
아서왕 최후의
전적지로 추정된다.

아일랜드

세인트조지 해협

틴타겔
아서왕의
출생지로
알려져 있다.

웨일스

잉글랜드

윈체스터
고대 잉글랜드 왕국의
수도로 《아서왕의 죽음》
을 쓴 토머스 맬러리가
주장한 카멜롯의 추정지.

런던

콘월반도

글래스턴베리
아서왕과 그의 왕비의 유골
(추정)이 발굴된 곳으로
아발론으로 여겨지고 있다.

잉글랜드 해협

랜즈엔드곶

실리 제도

캐멀포드
아서왕의
궁전(카멜롯)
의 가장
유력한
후보지이다.

도즈마리 호수
성검 엑스칼리버를
던진 호수로 알려져
있다.

랜즈엔드곶과 실리 제도 사이
중세까지 이곳에는
레오노이스라고 불리는 섬이
있었으며, 그곳이 아발론섬으로
여겨졌다.

지라고 하는 틴타겔 등의 요건이 갖추어져 있기 때문이다. 이처럼 카멜롯을 둘러싼 여러 가지 설은 전설과 신화를 더욱 흥미롭게 해주는 요소로 부족함이 없다.

반면 아발론은 켈트어로 사과를 뜻하는데, 켈트 신화에서는 죽음을 피할 수 있는 이계의 과일로, 불사의 상징이었다. 또한 아발론은

윈체스터에 있는 아서왕의 원탁.

더없는 천혜의 섬으로 알려졌고, 서쪽 바다 어딘가에 떠 있는 지상 낙원이라는 이야기가 전해지고 있었다. 그래서 콘월반도 끝 랜즈엔드곶과 그 앞바다에 자리 잡은 실리 제도 사이에 리오네스Lyonesse라는 구전이 남아 있고, 사람들은 그것이 바로 아발론섬이라고 오랫동안 믿어왔다.

리오네스는 '영국의 아틀란티스'로 불리는 섬으로, 어느 날 갑자기 순식간에 바다에 가라앉았는데, 빠르게 달리는 백마를 잡아탄 한 사람만이 달아나 살아남을 수 있었다고 전해진다.

글래스턴베리 수도원에서 아서왕의 유골이 발견되었다?

그런데 1191년 잉글랜드 남서부의 작은 마을 글래스턴베리의 수도원에서 역사적인 대발견이 발표되었다.

화재로 소실된 건물 뒤처리를 하던 중 '여기 아발로니아섬에 고귀한 이름의 왕 아서 잠들다'라고 새겨진 납 십자가가 발견되었고, 그 아래서 두 구의 유골이 발굴된 것이다.

말할 것도 없이 그것은 아서왕과 왕비 귀네비어의 것으로 단정되었다. 이 유골은 이후 교회 안에 마련된, 흑대리석으로 만들어진 묘석에 옮겨졌고, 1539년 수도원이 헐릴 때까지 이곳에 묻혀 있었지

아서왕과 원탁의 기사단.

만 이후 행방불명되었다고 한다.

　글래스턴베리의 아발론설에는 몇 가지 방증이 있다. 주변이 3세기경부터 켈트인의 제사지였다는 점, 예부터 사과의 명산지였다는 점, 중세 말까지 이 일대는 만을 끼고 있는 저습지였고 수도원이 자리한 작은 언덕은 멀리서 보면 섬의 모양 같았다는 점이다.

그러나 이에 대해 의심하는 '회의파'에서는 유골 발견의 타이밍이 지나치게 좋다는 점에 주목한다. 수도원의 사제들이 화재 복구 자금을 마련하기 위해 전설을 조작한 게 아니냐는 것이다.

또 수도원 묘지에서 발견된 유골은 6세기 전반 이 땅에 기독교가 뿌리내렸음을 보여주는 재료이긴 하지만, 실상은 역사적 사실과 다르고 묘비명도 시대에 따라 바뀌는 등 이래저래 '글래스턴베리=아발론'으로 규정할 근거는 없다는 것이 현재로서는 정설이다. 결국 아발론섬의 수수께끼는 수수께끼인 채로 남아 있는 셈이다.

기사들의 '영원한 휴식처'로 전해지는 아발론섬

켈트 신화에서 기사들의 '영원한 휴식처'로 전해지는 아발론섬. 그곳은 어떤 곳으로 묘사되어왔을까.

13세기 작품 《아서왕의 죽음》 등에 따르면 이 땅은 호수와 바위로 이뤄진 아름다운 섬으로, 완만한 잔디밭과 목초지로 둘러싸인 평원에는 향기로운 사과가 익고 가지가 휘어질 정도로 많은 과일이 달려 있다. 또한 강한 바람이 불거나 싸락눈이나 비조차도 내린 적이 없으며, 섬에는 예수의 제자인 아리마대 요셉이 세운 작은 교회가 있다고 한다. 그러나 이 정도라면 온난한 기후의 혜택을 받은 기

아서왕과 왕비 귀네비어가 매장된 흔적을 보여주는 글래스턴베리 수도원 유적의 팻말,
2009년, © PrinceValliant, W–C.

독교적 낙원 같은 이미지를 가진 정도일 뿐, 특별하게 개성이 풍부
한 땅으로 묘사된 것은 아니다.

　그런데 전설을 집대성한 몬머스의 수도사 제프리는 아발론섬이
아서왕의 이부異父 누이인 요정 모건이 다스리는 나라일 것이라고
기록했다. 중상을 입은 왕이 아발론섬으로 향하는 작은 배에 탔을

HOW.MORGAN.LE
FAY.GAVE.A.SHIELD.
TO.SIR.TRISTRAM.

아서왕의 죽음을 표현한 삽화, 1893년, 오브리 비어즐리. 아서왕의 누이 모건이 원탁의
기사 중 한 명인 트리스탄에게 방패를 넘겨주고 있다.

때 등장한 검은 옷의 귀부인이 바로 모건이며, 아발론섬에서 영원
한 생명을 얻은 아서왕은 모건 등 9명의 요정 자매와 함께 지금도
살고 있다는 것이다.

그러나 요정의 실체는 마녀에 가깝다. 모건은 요정 세계의 여왕
으로 온갖 마술에 정통하며, 특히 까마귀로 변신하는 것에 능숙하

다. 또 외모는 체격이 우람하고 당당하지만, 한편으로는 관능적이고 냉혹하며 요염한 분위기를 지니고 있는 것으로 묘사되었다. 아서왕을 비롯해 극히 일부 영웅만이 자신의 의지에 따라 이 섬에 가기도 하고 섬을 떠날 수도 있었다고 한다. 이런 기록으로 볼 때 아발론섬은 대지의 여신이 다스리는 저승 세계라고 해도 전설과 반드시 어긋나는 것은 아닐 것이다.

그렇다면 영웅담인 아서왕의 전설 또한 색다른 이계 전설의 색깔을 입힐 수 있을 것이다.

아가르타

인공 태양에 초고속 교통수단, 불로不老의 사람들. 이들은 티베트 근방 중앙아시아의 지하 왕국 전설에 등장한다. 근래에 지구 내부가 비어 있으며 지상과는 또 다른 세계가 있다는 설 덕분에 주목받았다. 세계 각지에 비슷한 전설이 있는데, 왜 인류는 지하에서 이상향을 추구했을까?

고대 인류가 지하에 이상향을 건설한 이유

언제부터인지는 확실치 않지만 땅 위의 모든 것을 휩쓸고 파괴한 대홍수 전설이 세계 곳곳에서 전해지고 있다. 그중에는 홍수에서 살아남은 사람들이 지하로 내려와 낙원을 건설하고 다른 세계를 만들었다고 전하는 전설도 적지 않다.

기원전 2000년경 만들어졌다는 고대의 영웅 서사시 《길가메시

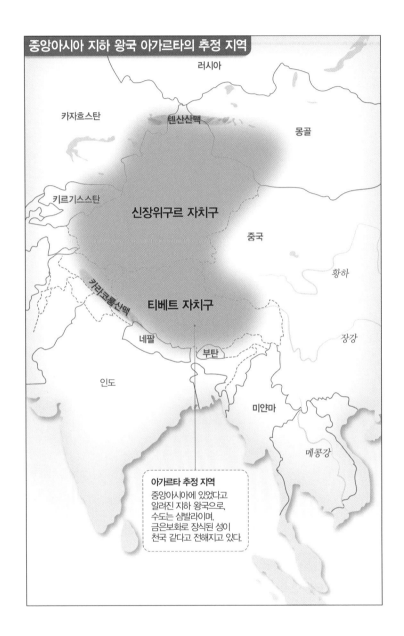

중앙아시아 지하 왕국 아가르타의 추정 지역

러시아

카자흐스탄

톈산산맥

몽골

키르기스스탄

신장위구르 자치구

중국

황하

카라코룸산맥

티베트 자치구

네팔

부탄

장강

인도

미얀마

메콩강

아가르타 추정 지역
중앙아시아에 있었다고
알려진 지하 왕국으로,
수도는 샴발라이며,
금은보화로 장식된 성이
천국 같다고 전해지고 있다.

서사시》에도 주인공 길가메시가 지하 왕국을 방문해 불로장생의 해초海草를 구한 일이 나온다.

지구 내부에 밧줄처럼 뻗어 있는 지하 회랑, 지하에 잠들어 있는 황금 도시, 지하에 펼쳐진 바다 같은 전승 판타지는 세계 각지에서 늘 등장한다.

특히 라마교(티베트 불교)에 의한 지하 왕국 아가르타의 전설은 실재 여부를 놓고 논쟁의 대상이 되어왔다. 이 수수께끼의 전설을 세상에 소개한 사람은 러시아 출신의 탐험가 페르디난드 오센도프스키와 화가 니콜라이 레리히이다.

이들이 1920년대 아가르타 전설에 도달하기까지의 경위는 생략하지만, 이 비밀스러운 장소의 출처는 몽골과 티베트 라마승이라고 하며, 전설 자체는 꽤 오래전부터 티베트와 중앙아시아 일대에서 광범위하게 유포되어왔다고 한다.

아가르타의 중심은 '샴발라'라고 불린다는 것, 수만 년 전 한 성인이 홍수로 침몰한 나라의 사람들을 데리고 지하로 모습을 감춘 것, 이후 많은 사람이 아가르타를 방문했지만 석가와 라마교의 교황 파스파 등 극히 일부 성인을 제외하고는 비밀 유지를 위해 두 번다시 지상으로 돌아오는 것을 허락받지 못했다는 것, 또한 성역으로 가는 입구는 몇 가지 루트가 있지만 아무도 모른다는 것 등 여러 공통점이 거론되고 있다.

입구가 어딘지에 대해서는 여러 설이 있지만, 티베트 문화권에 전설이 집중돼 있는 만큼 티베트 북부 또는 카라코룸부터 톈산산맥에 걸친 지역에 존재할 거라고 추정된다.

아가르타 사람들은 수백 년 혹은 수천 년을 산다

지하 왕국 아가르타는 어떤 곳으로 묘사되었을까?

라마교도들의 구전에 따르면 땅 밑에는 생활과 생존에 필요한 조건이 모두 갖춰져 있다. 예를 들어 태양을 대체하는 에너지원으로 인공 태양이라고 할 수 있는 대용품이 있으며, 이에 대해서는 앞의 오센도프스키도 "찬연히 빛나는 인공의 빛이 있고, 이를 이용해 동식물을 키우고 있었다. 채소도 재배되기 때문에 사람들이 괴혈병 걱정을 하지 않았다"라고 말했다.

또 아가르타는 상당한 수준의 고도 문명을 갖춰 지하도가 거미줄처럼 사통팔달하고, 각 지역은 초고속 교통수단으로 쉽게 연결된다고 한다.

게다가 아가르타 사람들에게서는 노화 현상을 찾아볼 수 없다. 이곳 사람들은 수백 년 혹은 수천 년을 살 수 있다고 한다. 이는 태양광의 자외선 등에 노출되지 않은 데다 잘못된 식생활, 즉 육식과 기호품을 끊어 내장에 부담이 적고, 항상 청정한 정신 활동을 유지하고 있어 병과 노쇠를 모르기 때문이다.

또 이들은 항상 남녀가 따로 사는 것을 원칙으로 한다. 모두 자립과 자활이 철저한데, 생계를 위해 남에게 의지할 필요가 없기 때문에 특별한 계급 제도도 존재하지 않는다.

본래 두뇌 노동을 따르기 때문에 성적性的 향락 같은 일은 일절 없으며, 생식은 처녀생식(단성 생식)이 기본이다. 태어난 아이의 대부분은 여성이고, 주민 비율도 여성이 높다.

그래서 지상 사회에서 볼 수 있는 가정은 존재하지 않고, 어린이는 전문 교사에 의해 집단 보육되고 성인이 될 때까지는 지역 사회에 의해 양육되는 것이 원칙이다. 또 복장은 순백의 긴 옷을 입고, 머리에 흰 천을 두르는 풍습이 있다고 한다.

아가르타의 최대 특징은 사람들이 '악惡'이라는 관념에서 해방된 것이다. 따라서 파괴나 침략이라는 발상이 없고, 범죄도 존재하지 않는다.

반대로 두뇌 노동과 정신 활동을 강화한 결과 서로의 의사를 텔레파시로 전달하는 등, 지상의 사람들이 볼 때 '기적'에 가까운 다양한 초능력을 갖췄다는 것이다.

지하 왕국 전설이 각지에 남아 있는 이유

지하 왕국의 세력도 조금 언급해보자. 성지인 샴발라 지방을 중심으로 연꽃잎처럼 8개 지역으로 구분되고, 각 지역은 다시 12개의 소번小藩으로 세분되었다. 번왕들은 말할 것도 없이 수도 칼라바에 사는 샴발라왕에게 충성을 맹세한다.

도읍의 중앙에는 거대한 궁전이 우뚝 솟아 있고, 그 한가운데에는 여덟 마리의 사자상이 보호하는 황금 옥좌가 자리 잡고 있다. 또 도읍의 상징 같은 불탑은 선단부가 순금, 몸통 둘레는 진주와 다이아몬드로 장식되어 있다.

건물 내부 바닥과 천장에는 수정이, 지붕에는 순금이 각각 깔렸고 성벽은 조각된 산호, 정문은 에메랄드와 사파이어로 장식돼 야간에도 눈부실 정도였다.

도성의 동서쪽에는 초승달 모양의 호수 두 개가 펼쳐져 있고, 남쪽 교외에는 향기로운 백단이 자라는 삼림 정원 '쾌적한 숲'이 있다. 남쪽에는 10개의 바위산이 천연 요새로 우뚝 솟아 있고, 산중에는 신과 성인을 모시는 호화로운 사찰이 서 있다.

1865년 쥘 베른이 공상과학소설《지구 속 여행》을 발표했듯이, 땅밑 세계의 존재와 이에 대한 동경은 일찍부터 사람들의 관심을 끌어왔다. 어느 날 갑자기 허구 세계의 산물로 만들어진 것이 아니다.

아가르타 왕국은 라마교도에 의한 이상 세계를 구현했지만, 그 밖에도 지하 왕국이나 지하 수도 등의 구전은 다양한 형태로 세계 각지에 분포하고 있다. 특히 중남미에서 마야 유적과 잉카 유적의 지하도 전설, 아스테카의 테오티우아칸 회랑, 브라질의 마투그로스 지하 도시 전설에서 보듯 지하 회랑에 대한 전설이 압도적으로 많이 알려져 있다.

대부분 아틀란티스나 무제국과 같은 초고대 문명이 붕괴한 후 살아남은 자손들이 새롭게 이주해 건설한 땅이라는 패턴이 시종일관 이어지기는 하지만 말이다.

원래 지하에 다른 세계가 있다는 발상은 고대부터 시체를 땅속에 매장해온 선조들이 부정한 시신의 영혼이 전락하는 장소로서 상정했을 것이다. 즉, 대부분의 문화권에서 땅속은 지옥이자 명계의 상징이었다.

하지만 대지는 죽음의 땅인 동시에 생명력의 원천이자 은혜의 상징이기도 했다. 그리스 신화에서도 신들의 조상 가이아는 대지의 여신이었다. 따라서 지하 세계는 거룩한 사자의 영혼이 소생하는 땅으로서 청정한 이상향이 되어야만 했다. 이것이 인간이 상상 속의 지하 왕국을 만든 원동력이 된 것은 아닐까.

지구 내부에 거대한 공간이 있다는 '지구 공동설'

　지하 전설과는 별도로 지구 내부 자체에 거대한 공간이 있다는, 즉 '지구 공동설'이 20세기 이후 각광받고 있다.

　지구 내부는 실은 사찰의 돔 한가운데처럼 텅 비어 있다는 것이다. 이런 엉뚱한 가설을 최초로 주창한 것은 미국의 윌리엄 리드이다. 그는 북극 탐험가 난센 등의 보고에 기초한 과학 논문을 모아,

쥘 베른의 《지구 속 여행》에 나오는 에두아르 리우의 일러스트.

지구는 가운데가 비어 있고 양극에 지하 세계로 통하는 입구가 있으며, 내부에는 지표와 마찬가지로 대륙과 해양이 있다는 주장을 폈다.

이 설을 보다 구체적으로 진행한 것이 미국인 마셜 가드너Marshall Gardner이다. 1920년에 저술한 《지구 내부로의 여행》에서는 지구는 두께 1,300km의 지각으로 덮인, 비어 있는 구체라고 주장했다.

게다가 남북의 자기극에 해당하는 위치에는 지름 2,240km의 구멍이 뚫려 있는데, 이 부분이 엄청나게 크고 경사도 매우 완만해 과거 탐험가들은 자신이 구체 내부로 들어가고 있다는 것을 눈치채지 못했다는 것이다.

그는 또 지구 내부에 자리한 빈 공간의 중심에는 지하 태양이 빛나고 있으며, 그 빛이 지구 상공에 반사돼 오로라가 발생한다고 추측하면서, 내부 기온이 온난해 지금도 매머드가 서식한다고 기록했다.

실제로 지금까지도 지구 안을 우연히 탐험한 기록이 극소수이지만 꾸준히 보고되어왔다. 거기에는 '희미한 태양, 추위를 모르는 상춘常春의 온화한 기후, 4미터의 거인족, '하늘을 나는 원반'으로 대표되는 지상의 세계를 뛰어넘는 문명 등을 볼 수 있었다'라는 내용이 공통적으로 등장한다.

지하 왕국설과 지구 공동설은 학계에서는 오랫동안 외면당하거나 냉소거리가 되어왔다. 지금까지의 상식에 비추어 볼 때 지나치게 비상식적인 발상이라는 것이 이유였다. 그렇지만 지구의 내부 구조가 충분히 규명돼 있지 않은 현재 그것을 정면으로 부정할 수 있는 근거가 부족한 것 또한 사실이다. 우리가 살고 있는 지구의 지면 아래는 지금도 '신비'라는 문 너머 펼쳐지는 미지의 세계인 것이다.

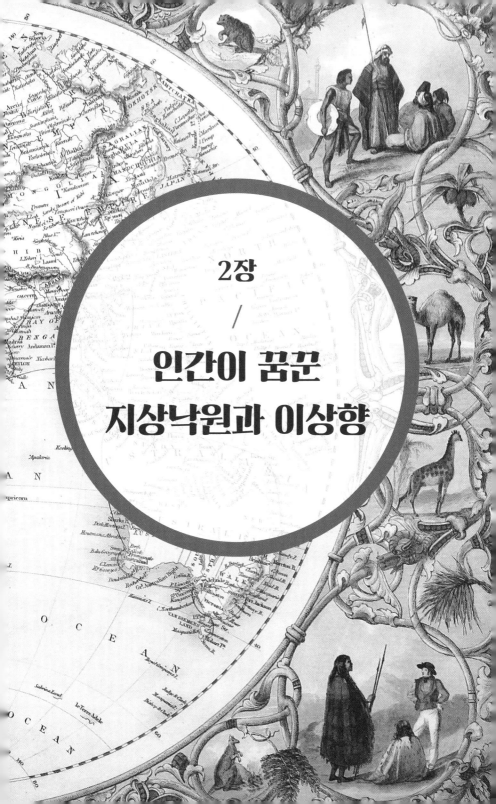

2장

/

인간이 꿈꾼
지상낙원과 이상향

에덴동산

성경을 절대시하던 중세. '신화상의 땅'이었던 에덴은 지상에 존재한다고 여겨졌다. 이후 사람들은 에덴을 진심으로 찾기 시작했지만 금단의 땅인 만큼 당연히 발을 들여놓은 사람은 없었다. 하지만 실은 그곳에 다녀온 단 한 명의 사나이가 있었다.

신화 속 공상의 땅이 실재 지상낙원으로 변신

《구약성서》에 따르면 인류의 조상 아담과 이브가 신의 보호 아래 최초로 살았던 낙원이 에덴이다. 신이 금하는 '선악을 아는 나무' 열매를 먹은 이들은 낙원에서 추방돼 죽음을 받아들일 수밖에 없는 신세가 되는데, 이는 기독교인이 아니라도 아는 상식이다.

원래 에덴은 수메르어로 '평원'을 뜻했으나 나중에 히브리어로

'환희'라는 뜻으로 바뀌었다고 한다. 이로써 에덴은 천국·낙원과 동의어가 되었고, 인류가 평온하게 살 수 있는 천혜의 조건을 갖춘 원초적 고향이라는 이미지가 자리 잡았다.

에덴동산은 신화가 낳은 공상 속의 땅으로, 처음에는 현실에 존

에덴동산, 1530년, 루카스 크라나흐, 독일 드레스덴 국립미술관.

재하는 곳이라고 생각되지 않았다. 그러나 성경의 내용이 유일한 절대 진리라고 여겨지는 중세에 들어서면서 지리적 지식도 모두 성경에 따라 해석되고, 에덴은 어떻게든 지상에 실재해야 하는 공간으로 바뀌었다. 에덴동산의 실재 존재를 믿는 것은 신도들에게 의무이자 기쁨이었다.

이렇게 학자들은 상상력을 최대한 발휘해 여러 장소를 상정했지만, 대부분은 생명을 가진 존재가 도달하기란 거의 불가능한, 터무

금단의 열매를 먹고 에덴에서 추방되는 아담과 이브, '에덴 추방'(부분). 1424~1427년경, 마사초, 이탈리아 피렌체 산타마리아 델 카르미네 성당 브란카치 예배당 벽화.

니없이 아득히 먼 상상 속의 장소로 여겨지고 있다.

중세 세계지도를 보면 세계의 가장 동쪽에 있다고 여겨졌던 인도보다도 더 동쪽, 세계를 고리 모양으로 둘러싼 대양(오케아노스)의 중앙에 외딴 섬으로 그려져 있는 것이 많다.

1280년경 작성된 헤리퍼드 마파 문디Hereford Mappa Mundi 지도에서 대양의 중심에 놓인 에덴은 화염에 휩싸인 성채에 둘러싸여 있다. 낙원과 인간계를 가로막는 전인미답의 황야에는 괴이한 모습을 한 인간과 야수, 악마 등이 배회하고 있어 접근이 매우 어려운 장소로 묘사되고 있다.

그러자 14세기 유럽에서 존 맨드빌이라는, 실재가 의심스러운 인물이 《동방여행기Travels of Sir John Mandeville》라는 황당한 기서奇書를 내놓았다.

'여행기'라는 이름을 붙여놓긴 했지만 유명한 지역의 전승이나 허풍 같은 이야기의 유래를 모은 설화집 수준이다. 작가는 직접 본 것이 아니기 때문에 정확하게 기재할 수 없다고 자르면서도 금단의 땅 에덴의 상황을 그럴듯하게 전하고 있다.

"노아의 홍수가 대지를 온통 뒤덮었을 때에도 이 낙원에는 너무 높아서 이르지 못했던 것이다. 낙원 주위는 벽으로 완전히 가려져 있지만 그 벽이 왜 생겼는지는 아무도 모른다. (중략) 낙원의 벽은 남쪽에서 북쪽으로 뻗어 영구히 타오르는 불로 입구도 막혀 있다.

에덴동산

먼 옛날부터 에덴동산은 메소포타미아에 있다고 믿어져왔다. 이것은 1280년경 작성된 헤리퍼드 마파 문디 지도의 메소포타미아 부분인데, 상부 중앙의 원 안에 에덴동산이 표시되어 있다.

이 불은 불타는 검으로 불리는데, 무엇도 안으로 들어가지 못하도록 신이 입구 앞에 놓아둔 것이다."

지리학자와 종교인들이 에덴의 땅을 찾으려 노력

인간의 인지 능력이 못 미칠 정도로 멀리 있는 신화적 낙원으로서의 이미지가 확산되는 가운데, 무모하게도 사람들은 이 땅을 진심으로 찾으려고 시도하고 있다.

《구약성서》〈창세기〉에서는 그 장소에 대해, 신은 동쪽에 에덴동산을 마련해 자신이 만든 사람을 그곳에 두었다고 말한다.

"하나의 강이 에덴을 흘러 나라를 적시고 있었다. 거기에서 네 개의 강이 발원하고 있다. 첫 번째 강의 이름은 비손으로 금이 나오는 하빌라 전 지역을 흐른다. 그곳의 금은 정금精金이고, 베델리엄(고무 수지의 일종)과 호마노(붉은 줄무늬의 마노)도 그곳에서 나온다. 두 번째 강의 이름은 기혼으로 구스의 전 지역을 흐르며, 세 번째 강의 이름은 힛데겔로 아시리아의 동쪽으로 흐르며, 네 번째 강은 유프라테스이다."

이처럼 《구약성서》에서 에덴동산의 위치를 상당히 구체적으로 서술하고 있다. 이 중 유프라테스강은 지금도 같은 이름이고, 힛데

겔이 티그리스강의 옛 이름이라고 알려져 있으나 비손과 기혼은 확인되지 않았다.

그러나 하빌라는 아라비아반도 북부 지역, 구스는 기원전 15세기경 페르시아 서부 산악 지역에 세력을 뻗친 카시테족Kassite의 지역이라는 설이 유력하다. 이를 근거로 추정해보면 메소포타미아 평원 어딘가에 에덴을 두더라도 큰 괴리감은 없다. 게다가 이 땅은 옛날에는 에디누라고 불렸다고 하며, 유대의 땅 팔레스타인에서 보아도 동쪽에 해당한다.

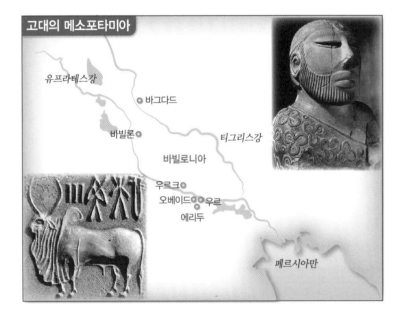

고대의 메소포타미아

유프라테스강
바그다드
바빌론
티그리스강
바빌로니아
우루크
오베이드
우르
에리두
페르시아만

거기서 지리학자와 종교인들은 한층 더 에덴의 땅의 존재를 실제로 찾아내려고 노력했다. 유프라테스강 하류 남안에 오베이드, 우르, 에리두라는 고대 유적이 있다. 이들 가운데 오베이드는 역사상 최고最古 시기에 해당하는 성문 기록의 석판이 발견된 땅이고, 우르는 이스라엘 민족의 선조 아브라함의 고향이라는 점에서, 우르의 남서쪽 근교에 있는 에리두도 전승으로 이야기 속에서 근거를 추측할 수 있는 에덴의 소재지로 거론하고 있다.

그러나 본래 에덴동산이 실재가 애매한 장소이다 보니 쉽사리 해결되지는 않았다. 많은 학자가 상상력을 발휘해 좀 더 그럴듯한 가설을 만들고 여러 가지로 논의에 논의를 거듭할 뿐이다.

메소포타미아와 같이 손이 바로 닿는 거리의 땅에 에덴동산이 있는 것은 이해할 수 없다는 비판도 있는가 하면, 발음이 닮은 아라비아반도 남단의 아덴이 그 땅이라고 하는 설도 나왔다.

심지어는 인도의 동쪽 해상부터 인도양의 세이셸 제도, 아프리카의 에티오피아, 혹은 대서양 너머에 있다고 전해지는 성 브랜던섬에 이어 대담하게도 태평양의 무 대륙에 있었다는 놀라운 설까지 등장하게 된다.

맨드빌은 비손이 갠지스강, 기혼은 나일강이라고 상정했으나, 그렇게 되면 네 개의 강은 당시 알려진 세계의 4대 강이나 마찬가지였다. 때문에 네 개의 강들이 합류하는 에덴은 전 세계와 같은 의미로 해석되기 때문에 장소를 특정할 수 없을 정도로 구분이 사라져 버렸다. 이처럼 에덴동산의 존재 여부에 대해 어느 설도 설득력이 부족하다 보니, 어디에도 없는 '성지'라는 인식과 이미지로 지도상의 이곳저곳을 떠돌았던 것이다.

에덴동산의 낙원에 다녀온 한 남자가 있었다!

에덴이라고 하면 세계 낙원에 관한 전설의 원조, 낙원 중의 낙원과 같은 존재이다. 그러나 얼마나 매력적이고 지복한 땅인지 구체적으로 알려주는 기록은 거의 없다. 그건 당연하다. 왜냐하면 유사 이래 아담과 이브 외에 본 사람이 한 사람도 없으니까 말이다.

중세 이후 예술가들은 나름대로 솜씨를 발휘해 에덴의 매력적인 모습을 회화, 시가, 소설 등으로 그려왔지만 안타깝게도 작가의 상상이 만들어낸 이미지의 투영일 뿐이다. 성경에도 기껏해야 실낙원失樂園의 계기가 된 선악을 아는 나무와, 낙원의 중심에 놓인 생명의 나무, 금단의 열매를 먹으라고 부추기는 사악한 뱀 정도만 등장한다.

게다가 신은 문 앞에 뇌운雷雲의 상징으로 불리는 천사 케르빔과 주변을 에워싼 검(번개)을 두어 삼엄한 경계를 내리고 낙원을 영원

세속적인 쾌락의 정원. 인간의 쾌락을 주제로 구성한 작품으로 왼쪽은 천국, 가운데는 인간의 세계, 오른쪽은 지옥을 상징한다. 1490~1510년, 히에로니무스 보스, 스페인 마드리드 프라도미술관.

히 닫아버리고 있다.

그런데 중세의 민간전승에 의하면, 아무도 도달할 수 없을 이 성지에 대담하게 들어간 인간이 있었다. 그 행운의 남자는 셋Seth, 아담의 셋째 아들이었다.

죽을 때가 다 된 932세의 아버지 아담으로부터 에덴에 가서 몸을 정화할 '은혜의 기름'을 가져다 달라는 부탁을 받은 그는 배운 대로 갈 길을 재촉하지만 여정은 힘들었다. 그러나 목적지에 가까워질수록 대기가 맑아지고 기묘한 음악마저 들려온다. 간신히 에덴의 문에 이르자, 방문 목적을 헤아린 케르빔의 우두머리 대천사 미카엘은 셋을 낙원 안으로 불러들이고 둘러보는 것을 특별히 허락해주었다.

처음 네 개의 강이 만나는 호수를 보았는데, 뒤쪽 벼랑 끝에는 벌삼수로 불리는 고목이 껍질이 벗겨진 채 서 있었다. 두 번째 봤을 때는 마른 나무에 뱀이 감겨 붙어 있었다. 마지막으로 줄기가 곧게 하늘까지 뻗어 있는 거대한 선악을 아는 나무를 보았는데, 꼭대기에 어린아이 한 명이 앉아 일곱 마리의 비둘기와 놀고 있다. 대천사 미카엘은 그가 제2의 아담이며, 미래의 구세주가 될 인물이라고 가르쳐주었다.

먼 훗날 이야기지만, 거목巨木에서 소나무·측백나무·히말라야삼나무 등 3종의 씨앗을 받아 든 셋은 서둘러 아담에게로 돌아가 숨을 거둔 직후의 아담의 입 속에 미카엘의 가르침대로 씨앗을 뿌렸다. 그러자 아담의 시신에서 세 가지가 자랐고, 그중 하나가 훗날 예수의 십자가가 되었다고 한다.

셋 같은 특별한 존재를 제외하면 에덴동산 탐방은 쉽지 않은 것임을 만인이 인정하게 되었다. 이윽고 사람들은 에덴이란 존재는 깊은 신앙심을 바탕으로 한 각자의 마음속에 실재하는 것으로, 지구상에 존재할 수 없다는 사실을 깨닫게 된 것이다.

　　그러나 종교의 신앙 측면에서 포기할 수 없는 사람들은 낙원 에덴과 아주 닮은 '변주곡'을 하나하나 만들어갔다. 엘리시온의 들판, 행복의 섬(그리스 신화 속 낙원의 하나), 성 브랜던 제도, 세븐 시티즈 섬 등 헤아릴 수 없다. 이렇게 낙원의 전설은 앞으로도 인간의 존재와 함께 영원히 사라지지 않을 것이다.

시바 왕국

솔로몬 왕과 시바 여왕의 만남은 유명하지만, 그 시바의 나라가 어디에 있었는
지는 여전히 미스터리로 남아 있다. 가장 유력한 후보는 아라비아반도 남부의
예멘이지만, 에티오피아 건국 시조의 어머니가 시바의 여왕이라는 설도 있다.
황금과 유향의 거래로 이름을 날린 시바가 실은 마법의 나라라는 이야기도 전
해지고 있다.

이스라엘 솔로몬 왕의 지혜를 시험한 시바 여왕

기원전 930년 무렵의 일이다. 남다른 지력을 자랑하고 예루살렘
의 수도에 웅대한 신전을 조성한 이스라엘 왕 솔로몬의 시대에 피
부가 거무스름하게 그을린 여성이 많은 시종을 거느리고 예방했다.
어전에 선 그녀는 고귀하게 높은 왕의 예지를 시험하려고 준비해온

여러 가지 수수께끼를 비롯해 어려운 문제를 쏟아냈는데, 솔로몬 왕은 모두 정확하게 대답했다고 한다.

그녀는 솔로몬 왕의 지혜와 왕국의 영화로움에 압도당하고 감격하여 400kg이 넘는 금괴, 향료, 보석, 계피 등 거액의 공물을 바친 뒤 왕이 갖춘 현인의 면모를 칭송했다.

"내가 우리나라에서 들은 당신의 업적과 당신의 지혜는 사실이군요. 나는 이곳에 와서 내 눈으로 보기 전까지 그걸 믿지 않았습니다. 그런데 내가 당신에 대해 알고 있었던 것은 절반에도 미치지 못

솔로몬 왕과 시바의 여왕, 지오반니 드민.

했습니다. 당신은 내가 듣던 것보다 더 존귀하고 지혜롭습니다. 이런 당신을 모시는 신하들은 얼마나 행복할지……."《구약성서》〈열왕기〉

그녀가 바로 아득히 먼 남쪽의 땅에서 찾아온 시바의 여왕이었다.

이 '솔로몬과 시바의 여왕'의 접견 장면은 후세에 글과 시가詩歌, 회화, 희곡 혹은 영화 등으로 각색되면서 많이 알려졌다.

어쨌거나 솔로몬 왕은 하는 일마다 스케일이 큰 인물이었던 것 같다. 그는 어디서든 손을 뻗으면 닿을 정도로 여성이 많았고, 여기저기서 많은 처첩을 데려오다 보니 타 종교의 많은 유입을 허용하게 되었다고 한다. 그리고 시바의 여왕과 솔로몬 사이에도 로맨스가 생겼고, 그 아들이 에티오피아의 초대 황제 메넬리크 1세라는 전승이 남아 있다.

그런데 시바(아라비아명 빌키스Bilqis)는 사람의 이름처럼 들리지만 실제로는 왕국의 이름이고, 솔로몬 왕을 방문한 여왕의 본명은 전설상의 인물이라 어디에도 기록이 남아 있지 않다.

시바는 기원전 30세기경 바빌로니아에서 숭배받던 달의 여신에서 유래한 것으로 나중에 셰바 혹은 멜로아라고도 불렸다. 달의 여신을 숭상하는 신비주의 신앙은 바빌로니아에서 지중해 동부 연안으로 전해졌고, 기원전 16세기경 여왕이 통치하는 모권제 국가 시바는 현재 레바논에서 시나이반도에 걸쳐 지배하고 있었다고 한다.

그러나 지배 영역이 한 지역에만 고정된 것은 아니고, 그 후로도 이리저리 위치를 바꾼 흔적이 있다.

아무튼 여왕이 솔로몬 왕을 찾아간 것은 전설이 말해주듯, 그의 지혜를 시험하는 것도 한 이유였을 것이다. 그러나 속내를 말하자면, 당시 시리아에서 홍해 연안까지의 교역로를 막았던 이스라엘과 우호 관계를 다지고 통상을 확대하는 것이 주목적이었을 것이다. 교섭을 유리하게 진행하기 위해서 미인계라는 수법을 활용했다는 것이 시바 여왕의 방문 목적이라는 것이다.

시바 왕국이 아라비아반도 남부의 예멘에 있었다?

막대한 부에 둘러싸인 시바 여왕에 대한 이야기는 오랫동안 세계 여러 나라 사람들의 상상력을 자극해 그 주변에서 수많은 전설과 신화가 생겨났다. 그러나 어떤 전설도 시바 왕국이 어디에 있는지는 구체적으로 말하지 않고, 단지 몇 군데 지역에서 자신들의 도시가 맞다고 억지 주장을 하고 있을 뿐이다. 따라서 왕국의 정확한 위치에 대해서는 지금까지 많은 연구자가 다양한 입장에서 다양한 설을 선보였다.

그중에서도 일찍부터 정설이라고 믿어진 것이 기원전 15세기부터 기원전 115년까지 사바^{Saba}인의 국가가 번성했다고 하는, 아라비아반도 남부의 예멘 주변이다.

유향, 계피 등 각종 향료와 농산물이 풍부해 이를 재원으로 삼고, '바다의 실크로드'로 불리는 지역적 이점을 최대한 살려 각 지역과 황금, 보석, 상아, 약초 등을 적극적으로 거래해 귀중품 무역을 독점했다. 그래서 나중에 로마인들은 이 땅을 '아라비아 펠릭스(Arabia Felix, 행운의 아라비아)'라고 부르며 부러워했다고 한다.

사바의 수도는 현재 예멘의 수도 사나 동쪽 120km의 말리브에 있었다. 지금도 '신^{Sin}'이라는 신을 모시는 '달의 궁전'의 유적이 남아 있으며, 예전에는 여성의 성기를 본뜬 거대한 타원형이었다고 전해진다.

예멘설은 솔로몬 왕 관련 전설에서도 일부 소개된다. 탁월한 지능을 가진 솔로몬은 새의 언어도 해석할 수 있었는데, 어느 날 개똥지빠귀로부터 "먼 남쪽에 막대한 부를 가진 이 세상의 낙원이 있다"라는 말을 듣고 일부러 여왕을 초대했다고 전해진다.

더욱이 사바인의 조상은 유대 민족의 아버지인 아브라함과 후처인 그두라 사이에서 태어난 욕산^{Jokshan}의 아들 시바^{Sheba}라고 한다. 사바는 시바와 같은 어원인 셈이다.

에티오피아에 남아 있는 시바의 여왕 전설

한편 시바 여왕의 나라에 대해 풍부한 전승을 가지고 있는 것이 에티오피아이다. 에티오피아의 건국 시조 메넬리크 1세는 시바 여왕과 솔로몬 왕 사이에서 태어난 자식으로, 그것은 다양한 형태의 이야기로 전해 내려오고 있다.

에티오피아 왕실의 공식 문서에도 설명되어 있지만, 시바 여왕의 본명은 마케다라고 하며 에티오피아로 귀국해 메넬리크 1세를 낳은 것이 왕조의 시작이다. 이후 1974년까지 끊이지 않고 225대에 걸쳐 왕위가 계속되었다고 한다.

고대 에티오피아의 수도라고 전해지는 메로에Meroe도 먼 옛날로 거슬러 올라가면 시바라고 불렀다고 한다. 1357년 《동방여행기》를 기록한 존 맨드빌은 시바를 에티오피아의 수도라고 상정했다.

그러나 이 전승은 계보를 작위적으로 적용했을 뿐, 역사적 근거는 없다. 역시 에티오피아설은 전승의 일부로 해석하는 정도가 무난할 것이다.

시바 여왕의 나라는 교역이 번성하고 풍부한 부를 형성하며, 도읍지를 말리브에 둔 모권제 국가임은 앞서 말했다. 여성이 막강한 권한을 가진 것은 아마도 달의 여신 숭배와 무관하지 않을 것이다.

게다가 일처다부제로 많은 남자 후궁이 여왕을 섬겼는데, 그들은

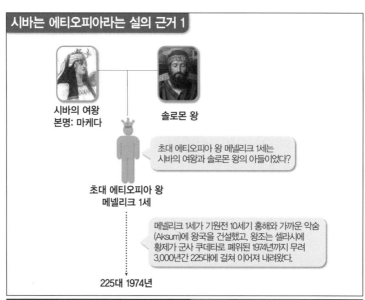

시바는 에티오피아라는 설의 근거 1

시바의 여왕
본명: 마케다

솔로몬 왕

초대 에티오피아 왕
메넬리크 1세

초대 에티오피아 왕 메넬리크 1세는
시바의 여왕과 솔로몬 왕의 아들이었다?

메넬리크 1세가 기원전 10세기 홍해와 가까운 악숨
(Aksum)에 왕국을 건설했고, 왕조는 셀라시에
황제가 군사 쿠데타로 폐위된 1974년까지 무려
3,000년간 225대에 걸쳐 이어져 내려왔다.

225대 1974년

시바는 에티오피아라는 설의 근거 2

고대 에티오피아의
수도로 전해지는
메로에는 본래 시바로
불리고 있었다.

수단

하르툼

메로에

홍해

에리트레아

마리부

예멘

에티오피아

소말리아

왕궁 밖으로 한 발짝이라도 나가려면 허락을 받아야 했다. 금기를 어기면 곧바로 포박되어 돌팔매질을 당했다고 한다. 완전히 남성판 '하렘(금단의 장소)'이다.

세상에서 떠도는 이야기로는 절세 미녀라는 이미지를 가진 여왕이지만, 그의 어머니가 마녀 진Jinn이라는 소문도 있었다. 이로 인해 솔로몬 왕은 마녀의 다리가 염소처럼 생겼다는 속설을 확인하고자, 거울로 바닥을 만든 방에서 여왕을 접견했다는 전설이 있을 정도이다. 다행히 여왕은 인간의 다리를 갖고 있었다고는 하지만 예상외로 털이 많았다는 흥미로운 풍문도 남아 있다.

시바 왕국은 이교적인 분위기가 가득한 마법의 나라

이스라엘에서 본 시바라는 나라는 이교적인 분위기가 가득한 마법의 나라라는 선입견이 강했던지라, 이 나라 마법사는 여행자를 늑대로 바꿔버리니 조심하라는 말까지 퍼졌다고 한다. 또 다른 전승에 의하면, 이곳에 솔로몬 왕의 수정묘가 있고, 이곳에 자생하는 '웃는 파슬리'를 먹으면 수정묘를 투시할 수 있어 영원한 생명을 얻은 왕과 여왕이 즐겁게 다니는 모습이 비쳐 보인다고 한다.

시바 사람들의 피부색은 태어날 때 노랗지만 나이가 들수록 검게

변한다고 한다. 육식은 피하고 채식 위주로 먹지만, 술이 너무 약해 쉽게 취해버리는 체질이라고도 한다. 기후는 한서寒暑의 차이가 큰 것이 특징으로, 더위 때문에 사람들은 일출부터 정오 전후까지는 햇볕을 피하려고 물에 들어가 생활하는 습관을 볼 수 있다.

그렇지만 낮에는 너무 차가워서 쉽게 마실 수 없고, 반대로 야간에는 너무 뜨거워서 손으로 만질 수도 없는 신기한 우물도 있다고 한다. 더위와 건조 때문에 시바강의 물은 매우 짜고, 기후 때문에 역병을 앓다 요절하는 사람도 많다고 한다.

이상이 지금까지 알려진 시바 나라에 대한 전설의 줄거리이다. 극히 현실적인 내용이면서도 한편으로는 어디에서 어디까지가 사실인지 믿지 못할 정도로 거짓으로 가득하다는 지적도 많다.

어쨌든 시바 여왕의 나라는 위치도 정보도 자세하게는 알려지지 않은 채 전설로만 떠돌고 있을 뿐이다. 온갖 마술과 신비로움에 싸여 있는 이 나라는 앞으로도 우리의 상상력을 자극하며 흥미로운 이야기를 만들어낼 것이다.

오피르

시바 여왕의 나라와 함께 황금의 나라로 유명한 것이 오피르이다. 그 후보지로는 소말리아 등을 들 수 있지만, 가장 유력한 것은 기니만 연안일 것이다. 그중에서도 말리에는 황금의 순례 전설도 있다. 그렇다면 그들은 그만큼의 황금을 어디서 구했을까.

황금으로 출렁거리는 오피르는 어디에 있는가?

온갖 영화를 다 누렸다는 솔로몬 왕 시대에는 시바 여왕의 나라와 함께 오피르Ophir로 불리는 미지의 나라도 소개되었다. 솔로몬왕의 막대한 부는 오피르와 타르시스에서 운반한 금은보석으로 유지되었다고 전해질 정도이다. 황금으로 출렁거리는 오피르는 보물에 홀린 사람들에게는 참을 수 없는 매력의 땅으로 비친 것 같다.

《구약성서》〈열왕기〉는 말한다.

"솔로몬 왕은 에돔(팔레스타인 남부) 땅의 갈대 바다 기슭에 있는 엘랏과 가까운 에시온게벨에서 선단을 편성했다. 히람(페니키아 테일스의 왕)은 자신의 신하로써 바다를 잘 아는 선원들과 함께 그 선단에 오르게 했다. 그들은 오피르로 가서 거기서 금 420달란트(1달란트는 약 34㎏)를 구해 솔로몬 왕에게 가져다주었다."

황금 420달란트라면 약 14톤에 이르니 어마어마한 양이다. 이만한 황금을 만들어내는 오피르는 도대체 어디에 있었을까.

선단을 편성한 에시온게벨은 홍해 아카바만의 가장 안쪽에 있는 엘랏 남쪽 15km의 작은 섬 파라윤을 가리키며, 고대 이스라엘 시대에는 남해 교역의 거점으로 번성했다고 한다. 《구약성서》〈열왕기〉에서는 문제의 오피르는 "아마도 고대 이집트 문헌의 푼트이다. 또

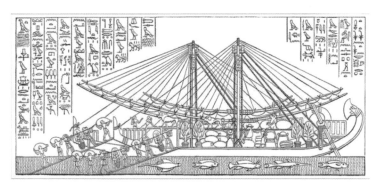

푼트에서 교역품을 싣고 있는 이집트의 배. 하트셉수트 여왕이 만든 신전 벽화의 일부. 향나무, 흑단, 상아, 진기한 동물 등이 운반되었다고 알려진다.

푼트 땅을 탐험하는 이집트 군인들, © Σταύρος, W-C.

는 수단 남동부, 나일강 상류 지역, 아라비아 혹은 인도에 위치한다
는 의견도 있다"라는 주석을 첨부했다.

　그러나 어떤 기록에도 나일강 상류의 누비아가 황금의 일대 산지
였다는 사실은 보이지 않는다. 에티오피아고원에 있었다는 시바 여
왕의 나라와 혼동이라도 했을까.

　원래 푼트는 향료, 황금, 보석, 상아, 흑단 같은 귀중품을 풍부하
게 산출하는 나라로 알려졌고, 홍해를 남하한 아프리카 동안부의
소말리아 인근으로 여겨져왔다. 기원전 15세기 초 이집트 최초의
여성 파라오 하트셉수트 여왕의 명으로 네시Nehsi 휘하의 탐험대가

고지도 속의 오피르

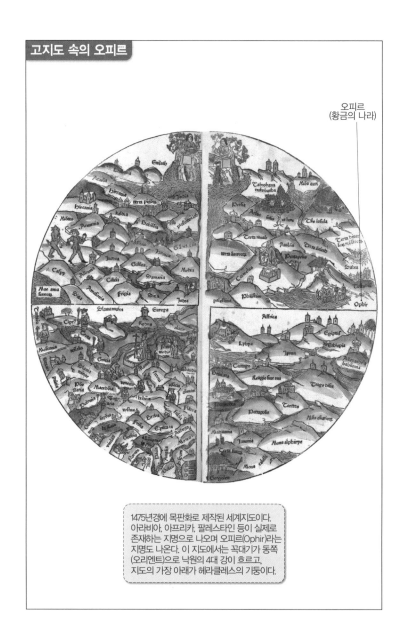

오피르
(황금의 나라)

1475년경에 목판화로 제작된 세계지도이다.
아라비아, 아프리카, 팔레스타인 등이 실제로
존재하는 지명으로 나오며 오피르(Ophir)라는
지명도 나온다. 이 지도에서는 꼭대기가 동쪽
(오리엔트)으로 낙원의 4대 강이 흐르고,
지도의 가장 아래가 헤라클레스의 기둥이다.

파송돼 풍부한 화물과 함께 이집트로 귀국한 이래 고대 이집트인들에게는 선망의 땅이기도 했다.

오피르의 특산품은 황금에만 그치지 않는다. 히람의 선단은 대량의 알굼Algum나무와 보석도 운반해 왔다고 한다. 이 알굼이라는 목재는 정확히 어떤 것인지 알 수 없으나 야훼의 신전과 왕궁의 난간, 수금 등의 원목으로 사용되었다는 점에서 백단목(백단향의 원료가 되는 나무)으로 여겨진다.

기니만 동부 연안의 우파스가 오피르 왕국인가?

그렇다면 히람의 선단은 우리의 상상력을 어떤 땅으로 이끌려는 것일까. 앞의 나일강 상류설은 일단 잠시 제쳐두고, 다시 오피르의 장소를 검토해보자.

탁월한 항해 기술로 고대의 지중해 동안 일대에서 세력을 떨친 페니키아인이긴 하지만, 그들의 선단이 홍해까지 남하한 것은 사실로 치더라도 문제는 대량의 백단목이다.

예부터 오피르는 동아라비아의 오만이 유력설의 하나였지만, 백단목을 대량으로 손에 넣기에는 지리적으로 설득력이 다소 미흡하다. 왜냐하면 향기로 유명한 이 나무는 인도 남부의 남아시아와 동남아시아 등에 걸쳐 자생하고 있지만 아라비아반도에서는 볼 수 없는 수종이기 때문이다. 그렇다면 오피르는 인도의 어딘가에 있었을까.

사실 고대에는 인더스강 하구에 아비라Abhira라는 교역소가 열려 있었는데, 아비라와 오피르는 발음이 비슷해서 이곳이 맞을 수도 있을 것이다. 그리고 이곳이 백단과 귀한 광석의 산지이기 때문에 설득력이 충분하다. 그러나 인더스강 주변에 그만큼 많은 양의 황금을 산출한 땅은 없었다고 봐야 한다.

왠지 늪에 빠진 듯하지만 일각에서는 다음과 같은 아전인수격의 어원설도 등장했다. 오피르의 어원상 고향은 남미 페루라는 것이다. 그것은 오피르Ophir의 O를 어미로 돌리면 'Phiro'가 되며, 이것이 바로 페루라는 것이다. 농담 같은 억지에 가깝지만 학술 발표 때는 꽤 진지하게 논의되었다고 하니 완전히 무시하기는 어렵다.

여러 가지 설이 난무하는 가운데 지극히 객관적으로 고찰하면, 당시 유행했던 페니키아인들의 원양 항해를 전제로 그들이 교역소를 설치했다고 전해지는 세 곳으로 좁혀진다. 인도, 아프리카 동안, 그리고 기니만 연안이다.

특히 기니만 동부 연안 인근 우파스(현 나이지리아의 이페)가 오피르 왕국의 중심 도시가 아니냐는 설이 최근에 힘을 얻고 있다. 이 땅을 흐르는 니제르강 유역에는 말리, 송가이, 가나, 베닌 같은 전설적인 황금 왕국이 분포해 예부터 순금을 해외로 실어낼 수 있었

다. 특히 말리제국의 황금 전설은 멀리 유럽에까지 소문이 퍼질 정
도로 한때 이곳이 소문의 오피르로 예상되기도 했다.

황금의 나라 말리제국의 칸칸 무사의 행차

황금향黃金鄕 풍문을 퍼뜨린 직접 계기는 1324년부터 이듬해까지
진행된 말리제국의 9대 왕 칸칸 무사(또는 만사 무사)의 메카 순례 여
행이었다.

칸칸 무사의 순례단에는 노예 1만 2,000여 명이 따라다녔고, 낙
타 100마리에는 각각 130~150kg씩 총 13~15톤에 달하는 엄청난
양의 사금이 실렸다고 한다. 왕은 메카로 가는 길에 돈을 마구 뿌려
각지에 인플레이션을 일으켰다고 전해질 정도로 엄청난 양의 황금
을 지니고 있었다.

그러나 그 화려한 왕의 행차에 대한 청구서는 메카에서 돌아오는
길에 도착했다. 빈털터리가 된 왕은 이집트 카이로에서 영주(술탄)
에게 증정받은 대저택도 팔고, 상인에게는 5만 디나르의 막대한 빚
을 진 채로 귀국했다. 그 모습은 "교만한 자는 오래가지 못한다"라
며 세상의 교훈으로 회자되는 신세가 되기도 했다.

황금 순례는 말리제국에 대한 관심을 한껏 높였는데, 그럼 이 정

1373년 카탈로니아 지도의 한 부분. 왼쪽 아랫부분의 낙타 맞은편에서 관을 쓴 채 봉을 잡고 있는 사람이 칸칸 무사이다. 황금의 제국 말리의 영화를 느낄 수 있다.

도의 돈을 도대체 어디서 모은 것일까. 이것은 아직도 베일에 싸여 있는 수수께끼이다.

금 산출지가 극비 중 극비였다는 사실 때문에 '말리에서는 식물에서 금을 채취한다'라는 황당한 소문까지 퍼졌다고 한다. 어쨌든 서아프리카나 기니만 연안설을 지지하려면 페니키아인은 태곳적부터 희망봉을 돌아 인도양과 대서양을 항해할 수 있어야 한다.

아프리카 서부 각지의 묘지에서 '아그리스의 돌'이라는 고대 유리 세공이 출토되는데, 이는 페니키아인이 가져온 것으로 여겨지며 기원전 옛날부터 교류가 있었음을 말해주는 귀중한 물적 증거이다.

그렇다고는 해도 이런 정황이 대서양 주변 항해를 주장하는 데에는 들어맞을 수는 있겠지만, 홍해에서 인도양과 희망봉을 경유해 기니만까지 도달한 증거로 보기에는 아무리 봐도 논거가 약하다.

오피르를 통해 인간의 황금만능주의를 비판

수수께끼의 황금향 오피르의 장소에 대한 가설은 여전히 모호한 상태로 남아 있다. 그러니 위치에 관한 고증은 잠시 접어두고, 오피르 왕국은 어떤 곳으로 그려졌는지를 살펴보자. 이 또한 앞의 〈열왕기〉에 소개된 것처럼 황금을 비롯해 보석과 향료, 백단 등의 희귀한 물건이 매우 풍부하다는 정도로만 알려져 있다.

그래서 참으로 신기한 기서를 여기에 소개한다. 17세기 말 독일 라이프치히에서 간행된 작자 미상의 《멋지게 조직된 국가 오피르》라는, 일종의 풍자를 위해 지은 책이다. 허구임에 틀림없는데 이것이 미세한 곳을 파고들고 있어 참으로 흥미롭다. 이를테면 이런 식이다.

오피르 왕국의 종교는 개신교 복음주의파로 일요일을 성스러운 휴식의 날로 삼는 엄격한 법을 택하고 있으나, 사람들은 신의 위엄을 거스르지 않는 한 종교 신앙의 자유는 인정하고 있다.

국법에 따르면 정의와 자애야말로 최고의 덕이고, 외설과 상스러운 농담은 엄하게 응징된다. 범행이 확실한 경우 범인은 지위 고하를 막론하고 하루 내지 며칠 동안 머리에 암퇘지의 귀를 붙이고 거리를 돌아다니는 벌칙이 기다린다. 초범은 벌금만 내고 넘어가지만 상습범이 되면 종신형이다.

결투도 엄격히 금지된다. 어기면 평생 목검이나 죽도와 어릿광대 같은 모자를 지니고 다녀야 한다. 만일 결투자가 국가 공인의 문장紋章을 소유한 경우엔 문장이 즉각 회수된다. 대신 안경을 씌운 투구를 양쪽에서 두 마리의 고양이(공인 문장에서는 사자)가 받치고 있는 도안의 문장을 준다는 것이다.

황금 이야기가 아니고 왜 이런 윤리를 중요시하는 '금지법', 그것도 엉뚱한 벌칙을 고집하고 있는 것일까. 작가의 속뜻은 알 수 없지만, 아마도 부와 보물에 집착하는 세상에 대한 풍자와 패러디를 그리고 싶었던 것 같다. 즉, 오피르의 전설은 시간을 초월해 현대의 황금만능주의를 통렬히 비판하는 데까지 등장하고 있다.

엘도라도

대항해 시대, 황금으로 뒤덮인 건물과 사람들에 대한 소문이 전 유럽인을 사로잡았다. 수많은 스페인 정복자가 남미를 침략해 인디오들을 학살하고 스스로도 큰 희생을 치렀지만, 바라던 황금향은 끝내 발견되지 않았다. 사실 이러한 황금향에 관한 전설은 전 세계에 있었고, 엘도라도는 손에 잡힐 듯 가까운 곳에 있는 대표적인 황금향이었다.

엘도라도는 '황금으로 덮인 사람'이란 말에서 유래

황금은 번쩍거리는 겉모습 때문에 만물의 생명을 자라게 하는 태양의 조각처럼 여겨졌고, 그런 이유에서 많은 고대 문명에서는 황금과 태양을 동일시했다. 이집트 신화에서 금은 신의 육체 자체이며, 고대 잉카인들은 황금은 태양의 눈물, 은은 달의 눈물이라고 믿었다.

또 녹슬지 않는 불변의 성질은 '영원성'의 상징으로 여겨졌다. 그래서 황금은 귀금속 중에서 가장 귀중하게 여겨졌고, 대부분 문화

무이스카족의 황금 뗏목, 콜롬비아 보고타 황금미술관.

권에서 격이 다른 보물로 대우받아왔다.

과거 남미의 콜롬비아 보고타고원에는 칩차계 무이스카족이라 불리는 원주민이 거주했는데, 1년에 한 번씩 추장이 독특한 의식을 치르는 풍습이 있었다. 그것은 산중의 과타비타호에 띄운 뗏목에서 많은 금은보화와 함께 온몸에 금가루를 바른 추장이 물속으로 뛰어들어 금가루를 씻어낸 후 떠오르는 기묘한 제의이다.

유래는 명확하지 않지만 무이스카 주민 사이에는 태곳적 하늘에서 황금신(운석으로 보인다)이 떨어져 과타비타 호수 아래 정착했다는 신화가 전해지며, 이 황금신에게 부족의 번영과 안녕을 위해 감사를 드린다는 것이 제의의 목적이다.

엄숙한 의식이 마지막으로 거행된 것은 1480년 무렵이었다고 한다. 그러나 신대륙에 온 스페인 정복자(콘키스타도르)들이 이 금가루 바른 추장에 대한 이야기를 들으면서 여기에 호기심과 탐욕이 더해져 황금에 대한 소문은 더더욱 부풀려졌다.

그러니까 추장에만 머무르지 않고 측근들도 금가루를 두껍게 칠해 잠자기 전 물로 씻어내고, 아침이 되면 다시 온몸에 금가루를 바르는 것으로 소문이 바뀌었다. 이런 금가루가 섞인 인간을 정복자들은 '엘 옴브레 도라도(금으로 덮인 사람)'라 불렀고, 황금을 향한 인간의 욕망을 부추겨 엘도라도를 찾아 나선 것이다.

시간이 흐르면서 '황금 인간'의 이름은 이들이 살고 있는 지역 명

칭과 겹치게 된다. 그 나라에서 전사는 금으로 만든 갑옷을 입고, 건물은 온통 금으로 덮여 음식 이외의 것은 대부분 순금이거나 금박으로 장식되어 있다는, 터무니없는 이야기로 어느새 부풀려져 있었다. 그래서 정복자들은 저마다 외쳤다.

"그 황금으로 뒤덮인 나라를 어떻게 해서든 찾아라!"

'황금향'을 찾기 위한 스페인 정복자의 만행

이리하여 이곳에 엘도라도 즉 황금향 전설이 생겼는데, 아프리카 서부의 리오데오로나 지팡구(일본)처럼 황금 전설은 대항해 시대의 유럽인들 사이에 하나의 유행처럼 번져갔다. 그래서 신대륙으로 건너간 정복자들은 아스테카와 잉카에서 마구 금괴를 강탈한 후에 또다시 황금의 포로가 되고 말았다.

물욕과 명예욕, 정복욕에 눈이 먼 정복자 무리는 거의 예외 없이 극악무도한 악당이었다. 목적을 위해서는 수단을 가리지 않고 인디오 100명, 1,000명 살육 등은 콧방귀도 뀌지 않는, 신도 두려워하지 않는 건달들이었다.

스페인의 곤살로 히메네스 데 케사다, 세바스티안 데 벨랄카사르, 곤살로 피사로, 페드로 데 우르수아, 로페 데 아귀레, 에르난 페레스, 페르난도 데 구스만, 게다가 독일인 암브로지우스 에잉거, 니콜라우스 페드만 등등.

그들은 탐험가라는 이름뿐이지, 모두 남들에게 뒤지지 않는 약탈자의 면모를 유감없이 발휘했다. 약탈을 위한 탐험을 하는 과정에서 자업자득이지만 케사다를 제외하고는 제대로 된 임종을 맞이하지 못했다.

그들은 가는 곳마다 인디오를 사로잡아 고문, 참살, 방화, 강간을 자행하며 어떻게 해서든 황금향에 도달하려고 애썼다. 그러나 에메랄드나 얼마 안 되는 황금을 손에 넣었을 뿐, 황금 덩어리를 손에 쥘 수 있다는 기대는 여지없이 무너졌다.

내부 다툼, 배신, 기아, 열병, 맹수와 독충, 인디오의 독화살 습격 같은 공포는 다반사였고, 목숨만 겨우 건져 기지로 돌아오기 일쑤였다. 그중에는 수백 명의 대규모 원정대가 전멸한 경우도 적지 않았다. 이렇게 황금 전설을 좇은 무리들은 아름다운 황금은커녕 참혹한 여행담만 후세에 남겼다.

그래도 이들은 꺾이지 않았다. 오히려 어려움이 크면 클수록 정글의 오지에는 웅장한 황금 왕국이 있을 것이라는 확신이 더욱 강해졌다.

그렇다면 신은 왜 황금향을 찾아 나선 자들에게 이런 고난을 주시는 것일까? 그것은 고난 앞에 반드시 다가오는, 이 세상의 것이

프란시스코 데 오레야나, 스페인의 정복자로 엘도라도를 찾기 위해, 서양인으로서는 최초로 아마존 유역에 들어갔다.

라고는 생각할 수 없는 별세계의 문을 열기까지의 혹독한 시련이라고 아전인수식으로 받아들였다.

　광기와도 같은 욕망의 확신에 빠진 무리 중에 프란시스코 데 오레야나라는 남자가 있었다. 잉카제국을 멸망으로 몰고 간 정복자 프란시스코 피사로의 부관이자 동생인 곤살로 피사로가 이끄는 엘도라도 탐색대에 합류했으나, 이후 본대에서 떨어져 아마존 유역에 들어가 안데스 지방에서 아마존강 하구까지를 처음으로 배로 내려간 남자이다.

　그는 전해 들은 이야기를 이렇게 말했다.

"마을은 건물부터 무기, 각종 도구와 의복, 장식품에 이르기까지, 혹은 가옥의 지붕과 포장된 도로에 쓰인 돌까지 모두가 태양처럼 빛나고 있었다. 그것은 호숫가에 퇴적된 무수한 사금으로 만들어진다. 하지만 그들에게 황금은 별로 값어치가 없고 오히려 음식이나 음료수만도 못한 존재라고 한다. (중략) 마을을 방문하는 자는 정중한 대접을 받게 될 것이다. 과일 샐러드와 앵무새 스튜, 벌새 요리 등이 대표 요리이다. 그러나 길가 곳곳에 떨어져 있는 황금과 보석은 줍지 않는 게 좋다. 사람들의 비웃음을 받을 뿐이니까."(가스파르 데 카르바할,《아마존강의 발견》)

엘도라도를 찾아 전인미답의 기아나 고지로 돌진

정복자(콘키스타도르)라는 이름의 악당들은 당초 엘도라도가 보고타고원의 과타비타 호수 주변에 있을 것으로 보고 이곳 일대를 이 잡듯이 탐색했다. 그러나 막대한 피해만 겹칠 뿐 뜻대로 전리품을 챙기지 못했다. 아무래도 이곳은 전설의 엘도라도에 어울리지 않는다는 소문이 돌기 시작하자 탐험가 일행은 진로를 동쪽으로 바꾸고 계속 전전하게 된다.

곤살로 히메네스 데 케사다의 동생 가스파르 데 케사다가 1541년

남미 북부의 황금을 찾아 헤맨 정복자들

가스파르 데 케사다의 경로
카르타헤나→보고타→툰하
→오리노코강, 기아나 고지

카리브해
소앤틸리스 제도

카르타헤나
파나마
오리노코강
트리니다드섬
앙헬 폭포
툰하
보고타
메타강
과비아레강
기아나 고지
태평양
안데스산맥
카케타강
아마존강

보고타의 고원 지대에서 남동쪽으로 내려와 과비아레강과 카케타 강 유역을 탐험한 것을 시작으로 동쪽 루트의 수색이 본격화된다.

아마존강 상류인 이곳에 보물이 무진장 묻혀 있는 마카토아, 오마 구아스라고 불리는 나라가 있다는 소문이 돌았지만, 이 또한 일시적 풍문이어서 정글을 이리저리 방황하다 안개처럼 사라져버렸다.

1572년, 햇수로 40년 넘게 엘도라도의 발견에 심혈을 기울였던 케사다가 사망한 뒤, 목표 지점은 그보다 북동쪽인 오리노코강과 메타강의 합류 지점으로 이동했다.

그러나 여전히 엘도라도가 보이지 않자 평생 독신으로 살았던 케사다의 조카사위인 안토니오 데 베리오는 다시 동쪽의 오리노코강 상류 지역인 전인미답의 기아나 고지로 향했다. 하필이면 21세기인 현재에도 지구에서 가장 접근하기 어렵다는 오지를 택한 것이다.

원주민으로부터 카로니강 오지에 있는 파리마라는 호숫가에 마노아라고 불리는 황금의 수도가 있다는 정보를 얻은 베리오는 앙헬폭포 부근의 비경을 향해 용감히 돌진했다. 그러나 기아와 함께 서서히 다가온 역병 때문에 대원들은 잇달아 쓰러졌고, 목숨을 건진 대원들은 카리브해의 트리니다드섬으로 돌아가야 했다. 고령 때문에 오지 탐험이 불가능해진 베리오는 후계자이자 심복인 도밍고 드벨라를 기아나 고지로 향하게 했지만, 그 또한 온갖 고초 끝에 트리니다드섬으로 돌아와야 했다.

엘도라도를 찾아 나선 영국의 탐험가 월터 롤리

마지막 엘도라도 탐험에 의욕을 불태운 남자는 누구였을까. 미국 버지니아 식민지를 개척한 영국인 탐험가 월터 롤리였다.

기아나 고지의 엘도라도야말로 옛 잉카 황제의 후예들이 살아남아 재건한 새로운 잉카제국과 다름없다고 생각한 롤리의 구상은 이

월터 롤리 초상화, 1585년, 니콜라스 힐리아드, 런던 국립초상화 미술관. 엘도라도 최후의 탐험가였던 월터 롤리는 다른 스페인 탐험가들과 달리 현지인들을 인간적으로 대했다. 그 덕분에 이들로부터 도움을 얻을 수 있었다고 한다.

러했다.

'이 땅을 정복하면 일거에 막대한 황금과 영국령 기아나제국의 건설이라는 두 마리 토끼를 잡을 수 있을 것이다.'

그러나 자신에게 좋은 쪽으로만 해석하면서 김칫국만 들이켠 셈이었다. 그의 야심 찬 구상도 역시 먼지처럼 사라졌다. 16세기 말부터 17세기 초까지 진행된 롤리의 탐사대마저 엘도라도 찾기가 실패로 돌아가자 지쳐 있던 숱한 탐험가들의 열기도 단숨에 식어버렸다. 그러나 파리마호는 1800년까지 지도에 기재되어 있었고, 이에 따라 황금 전설도 지도 위에서 망령처럼 떠돌았다.

그것은 1802년 박물학자 훔볼트가 일대를 답사해 아무것도 없다는 것을 실증할 때까지 이어졌다. 정력적으로 집념을 기울여 찾던 황금향은 '몽상의 산물'이란 꼬리표가 붙으면서 비로소 이곳에서 막을 내린 것이다. 또한 전설을 소재로 에드거 앨런 포는 '엘도라도'라는 시를 썼고, 볼테르는 《캉디드》에서 주인공으로 하여금 엘도라도를 방문하게 했다.

프레스터 존 왕국

1165년 교황에게 이상한 서한이 도착한다. 거기에는 동쪽 일대에 있다는 그리스도교 왕국의 존재와, 금은보화에 둘러싸인 장로의 사치스러운 생활상이 쓰여 있었다. 이슬람 세력에 위협받던 유럽인들은 이 소식을 경이로워하며, 그곳을 찾기 위해 길을 떠났다.

동방에 엄청난 부를 가진 기독교 국가가 존재

프레스터 존 혹은 프레스비테르 요하네스로 불리던 전설적인 기독교 군주를 아는가.

중세에서 근세까지 유럽에서 중앙아시아 또는 아프리카에 기독교 제국을 구축한 것으로 믿어진 인물로, 이름도 성직자 요한을 뜻한다.

콜럼버스가 시작한 '대항해 시대'를 이끈 원동력은 인도의 향료와 지팡구(일본)의 황금 전설 등이 첫손에 꼽히지만 사실 프레스터 존 왕국을 찾는 것도 커다란 동기 중 하나였음이 의외로 알려지지 않았다.

신대륙의 '발견'과 향료 교역은 유럽의 여러 분야에서 큰 이익을 가져다주었고, 이후 세계사의 흐름도 유럽이 주도권을 장악할 정도로 크게 바뀌었다. 그런데 프레스터 존의 왕국은 5세기 가까이 떠들썩했다가 대항해 시대를 거치면서 결국 환상의 왕국으로 전락한 점 때문에 종교가나 역사가들에게 평가 대상이 되기 어려웠을 것이다.

프레스터 존 전설은 일찍이 풍문의 영역을 벗어나지 못했지만, 그래도 오랫동안 꾸준하게 탐색의 대상으로 흥미를 끌었다. 전설의 출처는 분명치 않지만 적어도 기독교 이단파인 네스토리우스파의 영향은 무시할 수 없을 것이다.

예수의 신성과 인성의 일치를 부정하고 인성을 중시한 네스토리우스파는 마리아가 예수의 어머니일 뿐이라고 주장하다가 기독교에서 추방당했다. 나중에 페르시아, 인도, 중국 등 동쪽으로 전해졌는데, 중국에서는 경교景教라고도 불리던 동방교회의 일파이다. 신도들은 인도에서 복음을 전파하다가 기적을 행하고 순교했다는, 12사도 중 한 명인 성 토마스의 가르침을 계승한다고 자임해왔다.

또 우즈베키스탄의 사마르칸트는 네스토리우스파의 거점으로 일찍부터 알려져 있었지만, 후에 몽골의 족장에 의한 지배 등과 혼동되면서 프레스터 존 왕국의 성도聖都로 와전된 면도 있었던 것 같다.

이러쿵저러쿵하는 소문들이 바람을 타고 서쪽으로 옮겨지는 사이에 이야기가 자꾸자꾸 부풀어 올라 동방에 엄청난 부를 가진 거대한 기독교 국가가 존재하는 것이 아닐까 하고 유럽인들이 생각하기에 이른 것도 무리가 아니었다.

당시의 중세 유럽은 무력감에 빠져 있었다. 동방 세계는 이슬람교도들이 지배권을 확립했고, 성지 예루살렘은커녕 이베리아반도까지 이슬람의 수중에 떨어졌으며, 성지 해방을 위해 실시한 십자군 원정도 기대했던 만큼의 성과를 올리지 못하면서 패배감에 휩싸여 있었다.

3번에 걸쳐 교황을 속인 수수께끼의 사나이들

1122년 자신이 인도의 총대주교 존이라는 소문을 퍼뜨리고는 교황 칼리스투스(갈리스토) 2세를 알현한 신묘한 동양인이 있었다. 이 남자는 인도에 있는 기독교도의 실상과 성 토마스의 기적을 거침없이 진술했는데, 이후 1년도 안 돼 로마에서 연기처럼 사라졌다. 아

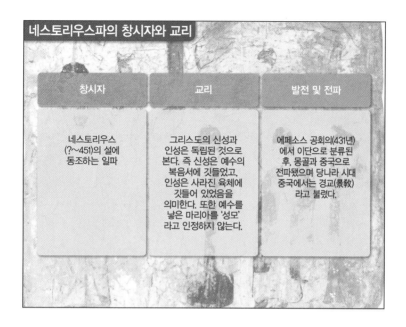

네스토리우스파의 창시자와 교리		
창시자	교리	발전 및 전파
네스토리우스 (?~451)의 설에 동조하는 일파	그리스도의 신성과 인성은 독립된 것으로 본다. 즉 신성은 예수의 복음서에 깃들었고, 인성은 사라진 육체에 깃들어 있었음을 의미한다. 또한 예수를 낳은 마리아를 '성모' 라고 인정하지 않는다.	에페소스 공회의(431년) 에서 이단으로 분류된 후, 몽골과 중국으로 전파됐으며 당나라 시대 중국에서는 경교(景敎) 라고 불렸다.

마도 말솜씨가 뛰어난 사기꾼이었겠지만, 성직자 상당수는 반신반의하면서도 그가 했던 이런저런 얘기에 큰 흥미를 느꼈다고 한다.

이후 세월이 흘러 1145년, 이번엔 시리아의 안티오키아 주교인 존 휴라고 하는 남자가 로마를 찾아왔다. 이슬람 세력과 싸우기 위해 예루살렘을 엄호하러 나선 존 왕과 공동 전선을 펴지 않겠느냐는 기이한 내용을 들고 왔다.

"동방박사 세 사람의 혈통을 이어받은 일족에서 태어난 왕은 페르시아와 아르메니아가 있는 먼 동방에 있는 네스토리우스파의 최고 지도자이자 사제이다. 연전에 병사들을 이끌고 사마르칸트 인근에서 튀르크군을 격파한 뒤, 예루살렘을 구원하기 위해 티그리스강 연안까지 군대를 도하하는 방법을 고심하다가 부득이 고국으로 철수해야 했다."

서요(西遼, 카라 키타이)의 구르 칸이 1141년 셀주크튀르크 연합군을 사마르칸트에서 격파한 사실이 유럽에 알려지면서 프레스터 존의 업적으로 포장되어 유포되기 시작한 것이다.

그러나 휴의 말에 솔깃한 교황 에우게니우스(에우제니오) 3세는 이슬람 세력으로부터 예루살렘을 사수하기 위해 유럽 왕들에게 2차 십자군 원정을 요청할 정도로 들떠 있었다. 천하의 교황을 움직일 만큼 능숙한 화술을 구사했던 휴는 놀라울 정도의 천재적 사기꾼이었음이 틀림없다.

두 번 있었던 일은 세 번도 일어난다고 하는데, 문제의 세 번째가 찾아온 것은 1165년이다. 이해 기독교 세계에서 가장 권위 있는 세 사람인 교황 알렉산데르 3세, 비잔틴 황제 마누엘 1세, 신성로마제국 황제 프리드리히 1세에게 신기하고 수수께끼 같은 서한이 온 것이다.

라틴어로 쓰인 그것은 "장로 요하네스(존)로부터 하느님과 예수 그리스도의 이름으로"라는 번지르르한 인사말로 시작했는데, 자신을 치켜세우는 내용이 곳곳에 담겨 있었다.

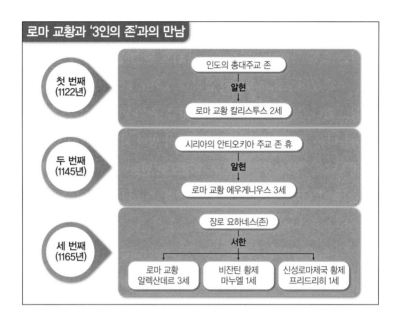

로마 교황과 '3인의 존'과의 만남

첫 번째 (1122년)

인도의 총대주교 존

↓ 알현

로마 교황 칼리스투스 2세

두 번째 (1145년)

시리아의 안티오키아 주교 존 휴

↓ 알현

로마 교황 에우게니우스 3세

세 번째 (1165년)

장로 요하네스(존)

↓ 서한

로마 교황 알렉산데르 3세 / 비잔틴 황제 마누엘 1세 / 신성로마제국 황제 프리드리히 1세

교황이 사절단을 파견했지만 기독교 왕국은 오리무중

"네가 하늘의 별과 바다의 모래를 셀 수 있다면 위대한 나의 나라
와 나의 힘을 알지어다. 짐은 왕 중의 왕으로, 재력과 성품에서도,
또 권력에서도 이 세상 지배자의 모든 것을 능가하느니라."

그의 왕국은 이런 기세로 만방의 72국을 지배 아래 두었고, 영역
은 바빌론에서 인도의 끝까지 퍼져, 영토를 횡단하려면 4개월은 걸
릴 것이라고 했다. 다만 안타깝게도 이들 중 기독교화된 나라는 적

다고도 했다.

"나는 또한 사파이어와 토파즈(황옥)로 된 지붕, 순금과 붉은 호마노 등의 보석으로 만들어진 문살과 상아로 된 문이 있는 궁전에서 살고 있다. 누각 위에는 두 개의 황금 구슬이 있고, 그 속에는 크고 아름다운 루비가 하나씩 얹어져 있어 밤이 되면 찬연히 빛난다. 또 대청과 각 방의 창문은 모두 수정으로 만들어져 아름다움과 호화스러움이 어떠한 말과 글로도 표현할 수 없을 정도이다. (중략) 그 안에 여러 나라의 왕후와 대주교 등이 옹기종기 모여 살고 있다. 자수정의 다리로 꾸며진 에메랄드 식탁에는 매회 3만 명분의 식사가 차려지고, 왕후 7명, 공작 72명, 백작 360명 등이 번갈아 시중을 드는데, 스스로를 존중하면서 겸허하게 '장로' 같은 평범한 직함으로 불리기를 선호한다"라는 등의 내용을 번지르르하게 말하고 있다.

이 오만과 허풍으로 가득한 서한을 언제, 어디서, 누가, 무슨 목적을 위해 만들었는지 학자들은 온갖 고심을 다해 찾으려 했지만 끝내 밝히지 못했다. 한편 서한을 바라보며 이리저리 고심하던 교황은 12년 후 결심을 굳히고 '거룩한 사제 존'에게 호응하겠다며 큰 모험에 나섰다.

교황은 동양에 대해 잘 안다고 알려진 시의侍醫 마기스텔 필립스를 대표로 한 사절단을 베네치아에서 파견했지만, 시의가 가져간

답서 내용은 네스토리우스파로 알려진 프레스터 존의 나라에 가톨릭 교의를 가르치기 위해 그들을 파견한다는 것이었다. 이것은 선교를 위한 파견으로 어디까지나 부드러운 접촉에 지나지 않았다.

그것은 프레스터 존의 진위가 확인되지 않은 만큼, 만일 엉터리로 드러났을 경우 교황의 위신과 변명을 대비한 것이었을지도 모른다. 당시 유럽에서는 서한을 둘러싼 소문이 무성했던 만큼 희망적인 관측을 비롯해 파견단이 가져올 성과를 기대했을 것이다.

그러나 이후 일행의 후일담을 전하는 기록을 일부러 없애버린 것인지, 안타깝게도 결과를 지금까지도 찾아볼 수 없다. 다만 결과가 어떻든 파견된 일행은 크게 낙담했을 것이다. 동방의 구세주 프레스터 존을 어디까지 쫓아간들 가공의 인물로 만나는 게 불가능했을 테니 말이다.

기독교 왕국은 중앙아시아 어디에도 없었다

어쨌든 이것이 교묘하게 조작된 사이비 서찰임에는 의심할 여지가 없다. 그러나 서찰 소동으로 프레스터 존의 실재實在에 대한 믿음은 일시적이긴 하지만 들불처럼 번져나갔다.

1222년 동방의 위대한 기독교도 왕이 이슬람군을 공격하고 서쪽으로 진군하고 있다는 보고가 들려오자 유럽은 크게 기뻐했다. 그런데 그것은 다름 아니라 몽골을 거점으로 중앙아시아로부터 침략에 나선 잔학한 칭기즈 칸이었다. 이런 사실을 접한 유럽인들은 기대가 컸던 만큼 충격도 컸고, 한때 성스러운 동방 왕국의 전설은 사라질 것처럼 보였다.

하지만 그 후로 동쪽을 여행한 사람들이 다양한 정보를 가지고 돌아오면서 전설은 다시 살아난다. 《동방견문록》에서는 프레스터 존이 타타르의 군주 옹 칸(Ong Khan, 터키계 케레이트 부족의 족장 토그릴 완 칸)인데, 1203년 칭기즈 칸과 싸우다 패하고 말았다고 한다. 그래서 그 본거지는 텐두쿠(현재 내몽골의 후허하오터)라는 곳이라고 단언하고 있다. 물론 옹 칸이 프레스터 존일 수는 없었다.

이윽고 동방의 내부 사정이 모두 알려지자, 성스러운 주교의 나라에 해당하는 땅은 중앙아시아의 어디에도 없음이 밝혀졌다. 그러나 각국 언어로 수차례 필사된 가짜 편지는 시간이 지날수록 더욱 그럴듯하게 신빙성을 높여갔고, 16세기에 들어서자 이번에는 아프리카 방면에서 활로를 찾으려 했다.

이즈음에 이르러서 유럽인에게 프레스터 존의 나라는 단순한 전설의 나라가 아니라 종교적 신념에 가까운 것으로, 반드시 실재하는 땅이 아니면 안 되었다.

공교롭게도 때마침 아프리카에 아비시니아(에티오피아)라고 불리는 수수께끼의 기독교 국가가 존재하고 있었다. 그래서 이 땅이야말로 소문난 프레스터 존의 왕국임에 틀림없다며 17세기까지 세계지도에 기록되어 있었다고 한다.

그러나 정작 아비시니아의 왕들은 자신이 솔로몬 왕과 시바의 아들 메넬리크까지 거슬러 올라가는 유서 깊은 왕족이라는 점을 강조하면서 프레스터 존 같은, 신원을 알 수 없는 인물로 묘사되는 것이 '결례'라고 항의하는 상황이었다.

그리하여 아비시니아설도 끝내 흐지부지되었고, 끝내 희망을 버리지 못한 사람들조차도 지구상에서 더 이상 프레스터 존의 왕국을 찾을 길이 없었다. 그나저나 무려 500년 가까이 장광설을 통해 세상 물정에 어두운 중세 유럽인을 쥐락펴락했던 정체불명의 3인방은 세기의 사기꾼이었음에 틀림없다.

뇨고가시마

이 세상 어딘가에 여자만의 섬이 있다. 예부터 남자들의 상상을 자극해온 이 전설은 다양한 형태로 전 세계에 분포하고 있으며, 그리스 신화에 나오는 아마조네스가 전설의 시조로 삼을 만하다. 그 여인의 섬은 일본에서는 하치조지마라고 되어 있는데, 왜 그곳이 후보지가 되었을까.

미나모토노 요시쓰네가 다다른 여자들만의 섬

수평선 너머로 여자들만 사는 섬이 있다. 예부터 호색의 상상력을 부추기는 이런 전설은 광범위하게 분포돼 있다. 이하라 사이카쿠의 책《호색일대남好色一代男》(1682년)의 말미에서도, 주인공인 세노스케는 "지금 뇨고女護섬으로 건너가 마음대로 즐길 수 있는 여자들을 보여주겠소"라고 말하고는 고쇼쿠마루(好色丸, '색을 탐하는 배'라는 의미)라는 배를 만들었는데, 이즈노쿠니에서 날씨를 보고 덴와天和 2년 10월 말에 행방불명이 되었다고 끝을 맺고 있다.

호색한들에겐 그야말로 천국 같은 곳이지만 실제로는 과연 어떤 섬으로 그려졌을까. 《오토기소시御伽草子》(무로마치 시대부터 에도 초기에 걸쳐 정리된 설화집)에서도 주인공 미나모토노 요시쓰네源義經가 이상한 섬들을 거쳐 가는 〈온조시시마와타리御曹司島渡〉의 장에서 뇨고가시마가 등장한다.

에조가시마로 가는 길에 어느 섬에 들렀을 때쯤 17~18세부터 40세 정도 사이의 여자들이 대거 모여들어 요시쓰네를 에워싸고는 "아, 기쁘다. 섬의 수호자가 오는구나"라고 외친 뒤 갑자기 요시쓰네를 살해하려 한다.

당황한 요시쓰네가 수습하려 하는데, 여자들이 말하기를 200~300년 전 일본에서 건너온 세 남자를 사로잡아 섬의 수호물로써 인신공양으로 신에게 바친 뒤로 이 섬에는 행운이 따라 무슨 일이든 뜻대로 되고 있다면서 살의를 조금도 거두지 않는다.

'이제 여기까지인가'라고 체념한 요시쓰네는 품 안에 있던 피리를 꺼내 한 곡을 연주했는데, 갑자기 무리가 신나서 급기야 요시쓰네와 마음을 터놓게 되고 목숨을 빼앗는 것도 잠시 유예해줬다. 그래서 섬 이름을 물어보니, "이 섬은 숨겨진 뇨고女護섬이지"라는 대답이 돌아왔다.

남자와의 사귐도 없이 여자로만 어떻게 아이를 가질 수 있는지 의아하게 생각한 요시쓰네가 물어보니, 이들은 "남쪽에 난슈南州라고 부르는 곳이 있는데, 거기서 불어오는 난푸南風라는 바람을 머금어 사랑하게 되는 것이다. 또 태어나는 것도 어떻게든 여자를 많이 낳는다"라고 대답하지 않는가. 즉, 남쪽에서 불어오는 바람을 삼키면 사랑하는 남자를 대신해서 자식을 얻고, 그것도 모두 여자라는 것이다.

성관계 없이도 바람의 정기로만 아이를 만든다는 이야기가《오토기소시》에 국한된 것은 아니다. 한대漢代까지 통용된 고대 중국의 지리서《산해경山海經》에는 동해 너머 사유국司幽國이 있어서, 거기에서는 남녀가 따로 사는데 여자는 남자의 '기'를 느끼는 것만으로 아이를 갖는다고 한다. 즉, 공기나 바람 등에 감응하는 것만으로 임신한다는 것이다.

명대의 백과사전인《삼재도회三才圖會》(1607년)에도 똑같이 동방 해상의 여인국에 대한 기술이 보이는데, 여자는 남풍에 닿으면 알몸이 바람에 감응해 아이를 낳는다고 한다.

또 '진제이하치로鎭西八郞'라는 별칭으로 불리는 미나모토노 다메토모源爲義의 무용전으로 다키자와 바킨이 지은《진세쓰유미하리즈키椿說弓張月》(1811년)에는 이즈오시마로 유배된 다메토모가 주변 섬들을 돌던 중 소문의 뇨고가시마에 도착하는데, 여자는 이 섬에,

남자는 오니가시마鬼ヶ島에 나누어 산다고 전했다.

1년에 한 번 남풍이 부는 날, 오니가시마에 살던 남자들이 뇨고가시마로 와서 관계를 맺는데, 남자아이가 태어나면 오니가시마로 돌려보낸다. 왜냐하면 남녀가 함께 살면 해신海神의 재앙이 있기 때문이다.

그리스 신화의 여전사 부족 아마조네스가 원형

만약 남자들만의 섬을 연상한다면 살벌한 기분이 들지만, 여자들만의 섬이라면 포근한 에로티시즘의 가능성을 암시하는 것 같아 이상하다. 그것은 옛날 남자의 제멋대로의 상상력에 불과한 것일까.

뇨고가시마 유형의 전설은 고대부터 여러 가지 다양한 형태를 취하면서 세계 각지에 분포하고 있다. 가령 그리스 신화에 등장하는 여전사 부족 아마조네스가 원형이라고 할 수 있을 것이다. 이들은 코카서스 혹은 스키타이(흑해 북안부) 일대를 거점으로 해서 승마와 활쏘기에 뛰어난 남자들 못지않은 전투 집단으로서 헤라클레스와 아킬레우스와도 용감하게 싸웠다고 전해진다. 활쏘기에 방해가 되는 오른쪽 유방을 잘라냈기 때문에 '아마조스(유방이 없다는 뜻)'라는 말에서 유래해 아마조네스라고 불렀다는 것이다. 또 이들은 타국의

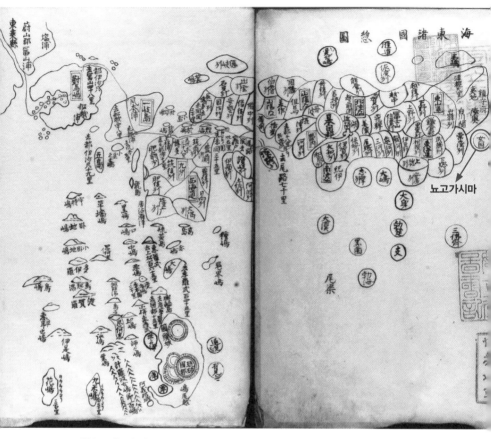

일본 고지도 속의 뇨고가시마.

남자와 아이들이 오기를 기다렸다가 여자아이만 양육하고 남자라
면 죽이거나 거세해 잡역부로 삼았다고 한다.

　한편 마젤란의 항해를 기록한 안토니오 피가페타의 《마젤란, 최초의 세계일주 항해》에는 "자바섬 아래에 오코로로라는 섬이 있는데 그곳에는 오직 여자만 산다. 바람이 이 여자를 홀리게 한다. 태어난 것이 아들이면 죽여버리고, 딸이면 기른다. 만약 남자가 섬에 접근하면 여자들에게 살해당하고 만다"라고 하는 기술이 있다.

모두 여자만 살고 있는 땅에서 바람의 정기나 멀리 떨어진 곳의 남자와 어울려 자식을 낳았을 때 아들인 경우는 살해한다는 내용이 대동소이하다. 다만 바람의 기에 의해서 잉태되고 여자아이만을 키운다는 발상은 동아시아로부터 북미, 남태평양의 연안부에 집중되어 나타나는 전승 신앙인 것 같다.

무성생식이라고도 할 수 있는 이러한 원모사상原母思想은 고대부터 내려온 모계 사회의 특성과 무속 신앙에 의한 정령 신앙이 큰 영향을 미친 것으로 추론된다.

뇨고가시마는 이즈 제도의 하치조지마인가?

그런데 여인의 섬이 일본에서는 어디쯤으로 상정된 것일까.

뇨고가시마의 모형이 된 것은 다음 장에서 접하게 될 나찰국羅刹國 전설이라고 하는데, 그것은 막연히 일본의 남쪽에 있다고 생각되어왔다. 그래서 나찰국이 발전적으로 해소되면서 뇨고가시마로 바뀐 뒤에도 여전히 일본 남쪽 바다에 있었다.

19세기 전반, 히라도번의 다이묘였던 마쓰우라 세이잔松浦靜山의 수필집 《갓시야와 속편甲子夜話續編》에서는 "하치조지마는 옛 뇨고시마(女護島, 뇨고가시마와 동일)라고 전한다. 지금 많은 아이가 태어났다"라고 기술하고, 거의 같은 시기에 편찬된 사전 《와쿤노시오리倭訓栞》에서도 "세상의 뇨고시마라는 것은 하치조지마이다"라고 단정하고 있을 정도이다.

또, 앞에서 인용한 《진세쓰유미하리즈키》에 따르면, 미나모토노 다메토모가 미야케지마의 촌장에게 들은 것은 "여기서 해상으로 백 리 정도 떨어진 곳에 뇨고가시마, 오니가시마라고 부르며 두려워하는 곳이 있다고는 전해 들었지만, 거기에 건너가는 사람이 없어서 확실하게 있다고는 말하기가 어렵다"라는 내용이다.

그렇다고 하는 것은 미야케지마의 남방(백 리는 구분하기 좋게 한 비유이고, 실제로는 100km 이상)에 떠 있는 섬이 있다면 하치조지마八丈島일 것이고, 오니가시마는 아마도 아오케시마靑ヶ島일 것이다.

이런 정보들을 종합하면 하치조지마는 부동의 후보처럼 여겨진다. 그러나 뇨고가시마와 하치조지마가 동일시된 것은 에도 시대 이후로, 하치조지마가 왜 뇨고가시마로 추정되었는지의 배경은 분명하지 않다.

도쿄 남쪽 해상 이즈 제도의 하치조지마는 미나모토노 다메토모

의 전설을 바탕으로 하치로지마八郞島라 불리다가 훗날 하치조八丈

로 음이 바뀌었다는, 다소 정교하지 못한 지명 유래담도 보인다. 참

고로 하치로八郞 미나모토노 다메토모는 헤이안 시대의 무장 미나

전투를 준비 중인 아마조네스 전사, 1860년, 피에르-유진-에밀 허버트, 워싱턴 국립미술관.

모토노 다메요시의 여덟째 아들이라는 의미의 애칭일 뿐이다.

　결국 메이지明治 초기까지 오랜 기간에 걸쳐 유형지였고 '새도 날지 않는 하치조가시마八丈が島'라고 불린 것처럼, 외부와의 접촉이 끊어져 폐쇄적이고 실태를 파악하기 어려웠던 점이 바다의 저편에 있다고 전해지는 여자 섬이라는 이미지와 겹친 것으로 추정할 수 있다.

　또 일설에 하치조지마에서는 여자를 '뇨코'라고도 부른다고 한다. 북방 탐험가 곤도 주조의 장남으로 막부 말기에 유배되었던 곤도 도미조의 기록서《하치조짓키八丈實記》에도 "아름다운 글로 윤색해 호사가好事家의 '뇨코女子'를 '뇨고女護'로 고치게 한 것이다"라고 기술하고 있는데, '뇨코'와 '뇨고'의 울림이 유사하다는 것도 하치조지마설에 큰 도움을 준 것이다.

　그렇다고는 해도 '하치조지마＝뇨고가시마'는 어디까지나 속설이지, 실제로 여성이 많이 사는 섬이었던 것은 아니다. 1779년 나가쿠보 세키스이長久保積水가 간행한《개정 일본여지로정전도改正日本輿地路程全圖》에는 이즈 제도의 남단에 하치조지마가 그려져 있고, 그 남쪽에는 "무인도가 있는데 오가사와라시마라고 한다"라고 기록되어 있을 뿐이다. 이후 뇨고가시마 같은 애매모호한 존재는 지도에서 모두 삭제되었고, 여자만이 사는 이상한 섬이라는 소문만이 그 후로도 전해져왔다.

3장

/

세상 끝에 존재하는
불가사의의 세계

툴레

기원전 325년 한 그리스인이 북방 탐험에 나섰다. 그렇게 도착한 섬 툴레에서 백야白夜와 극야極夜, 해수면의 동결 등 놀랄 만한 현상과 색다른 주민들을 만났다. 지중해 세계의 사람들에게는 믿을 수 없는 세계였기 때문에 그는 사기꾼 취급을 받고 말았다.

그리스 탐험가가 남긴 항해기 《대양에 대하여》

우리는 지구가 둥글다는 것을 안다. 고대 그리스에서도 기원전 4세기의 아리스토텔레스는 월식의 그림자를 통해 지구가 구체라는 것을 증명해 보였다. 그러나 당시의 세계관은 인식하고 경험할 수 있는 범위가 제한적이었고, 지평선이나 수평선 너머에 무엇이 있는지 아무도 알 길이 없었다.

어쩔 수 없이 지리학자들은 공상과 불확실한 풍문에 의존해 세계의 끝으로 인식을 확장하면서 서쪽에는 '지복至福의 섬', 남쪽에는 '미지未地의 대륙', 북쪽에는 '극북極北의 땅'이 있다고 주장했던 것이다.

동쪽만큼은 멀리 인도에 이른다는 것을 막연히 알고 있었지만, 거기서 동쪽 앞으로 더 나아가면 이곳과 반대인 세계가 있지 않을까 하는 정도의 인식이었다.

기원전 325년 알렉산드로스 대왕이 인더스강 하구에서 출항하려 할 무렵, 한 그리스인이 마실리아(남프랑스의 마르세유)의 항구를 떠

헤라클레스의 기둥, 앞쪽은 지브롤터 해협, 뒤의 배경은 북아프리카이다.
2007년, ⓒ Hansvandervliet, W-C.

나 유럽 대륙의 북방을 목적지로 삼아 항해를 시작했다. 그 남자의 이름은 피테아스Pytheas, 그리스의 천문학자이자 탐험가였다.

그가 어떤 배를 타고 북방 탐험에 나섰는지는 분명치 않다. 왜냐하면 피테아스는 이 항해에 대해 《대양에 대하여》라는 기발한 항해기를 저술했는데 일찍 사라졌고, 3세기가량 지난 뒤 로마 시대의 스트라본과 플리니우스가 남긴 단편적인 기술을 통해 접할 수 있을 뿐이다. 다만 순풍으로 하루 평균 500스타디온(약 9km) 나아갔다고 하니 그리 강력한 범선은 아니었던 것 같다.

피테아스는 '헤라클레스의 기둥'이라 불리는 지브롤터 해협을 빠져나와 대서양으로 나간 후, 대륙 해안선을 따라 북쪽으로 진로를 잡고 브리타니아 제도(브리튼섬)를 빙 둘러 일주한 뒤, 셰틀랜드 제도 부근까지 발길을 뻗쳤다.

그는 이 근방의 여름밤이 3~4시간에 불과하다고 기록했다고 한다. 실제론 이곳에서 여름밤이라고 해도 태양이 수평선 아래에서 머무는 것이 5시간 이상이기 때문에 조금 과장이다. 하지만 야간에 희미한 빛이 계속되는 것을 감안한다면 완전한 엉터리는 아니다.

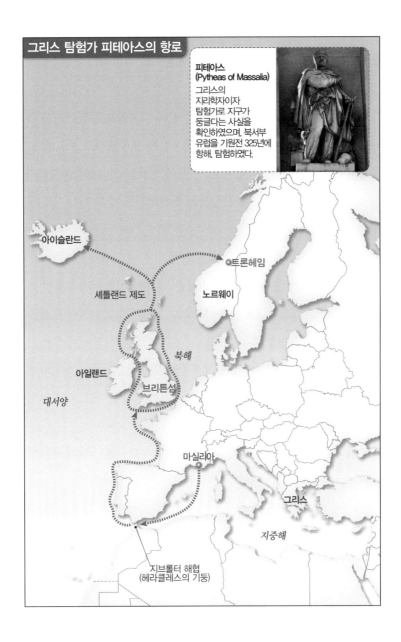

그리스 탐험가 피테아스의 항로

피테아스
(Pytheas of Massalia)

그리스의 지리학자이자 탐험가로 지구가 둥글다는 사실을 확인하였으며, 북서부 유럽을 기원전 325년에 항해, 탐험하였다.

아이슬란드

토론헤임

세틀랜드 제도

노르웨이

아일랜드

북해

대서양

브리튼섬

마실리아

그리스

지중해

지브롤터 해협
(헤라클레스의 기둥)

인간이 사는 세상의 끝 툴레의 초자연 현상

그건 그렇다 치고 피테아스는 여기서 다시 북쪽으로 뱃머리를 돌려 6일간의 여정 끝에 툴레라고 불리는 섬에 도착했다고 보고했다.

툴레는 인간이 사는 세상의 끝인데, 섬 앞에서 바다의 움직임이 둔해지고 얼어붙기 때문에 사람들은 항해하지도 걸어 다니지도 못한다고 한다. 이어 이곳은 겨울에는 태양이 전혀 얼굴을 드러내지 않는 밤의 나라가 계속된다고 소개했다.

그러나 당시 지리학자와 역사가들은 피테아스를 머저리에 사기꾼이라고 비난하면서, 항해기의 내용을 진지하게 받아들이지 않고 완전 무시하거나 비웃었다.

왜 그랬을까. 지중해 주변의 세계관에 갇혀 있던 당시 사람들에게 백야와 극야가 있는 계절과, 해수면이 얼어붙는다는 초자연 현상은 이해의 범위를 넘어섰기 때문이다.

로마 시대를 대표하는 지리학자 스트라본조차 "나는 툴레라는 이름의 섬이나, 하지 때 태양의 궤도가 북극권과 동일하다는 주장을 피테아스 외 다른 사람에게서는 들은 적이 전혀 없다"라며 존재 자체에 부정적인 입장이었다.

이렇듯 고대인들의 대다수는 툴레를 단순히 가공의 땅으로 무시한 채 봉인했고, 중세 무렵엔 울티마 툴레(최극단의 툴레)라고 불리

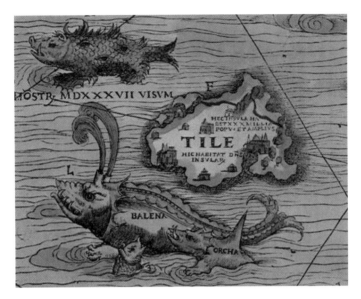

카르타 마리나(Carta marina, 16세기에 스웨덴의 교회가 만든 노르딕 국가 인근 해역을 그린 해도)의 일부, 1539년, 올라우스 마그누스. 이 지도에서 'Tile(틸레)'는 'Thule(툴레)'로, 오크니 제도의 북서쪽에 위치하고 있다.

며 막연히 극지를 가리키는 의미로 쓰이게 되면서 어느덧 섬의 존재 자체가 잊혀버렸다.

툴레는 아이슬란드인가, 노르웨이 연안인가?

그런데 툴레는 전해지는 말처럼 단지 피테아스의 상상의 산물이었을까?

근대 이후의 연구가들이 검증했는데, 원본이 없는 부족한 자료임에도 불구하고 기술이 정확하기 때문에 실증이 가능하다는 결론에 이르렀다.

다만 항로 추적은 가능하다고 해도 정작 툴레가 어디인지는 아직 결론이 나지 않았다. 예부터 아이슬란드설이 유력하게 거론돼왔지만, 그동안 전승으로 전해져온 전설과 실상이 일치하지 않는 점이 많아 의문을 제기하는 시각도 많다.

로마 제정기에 백과전서 《박물지》를 저술한 플리니우스는 이 책에서 "기록된 섬들 중 가장 먼 곳은 툴레이며, 그곳에서는 이미 지적했듯이 하지에 태양이 게자리를 지나기 때문에 밤이 없고, 다른 한편 동지에는 낮이 없다. 실제로 어느 저술자들은 이것이 6개월 동안 밤낮이 끊어지지 않고 계속되는 예라고 생각하고 있다. (중략) 툴레로부터 뱃길로 하루 만에 결빙된 바다가 나오는데 어떤 사람들은 크로니아해라고 부른다"라고 말했다.

이 기술을 통해 판단하는 한 툴레는 북극권 인근의 지역이 틀림없고, 아이슬란드라고 단언해도 설득력은 충분하다. 브리튼섬 북단에서 배로 엿새 거리에 위치한 이 섬은 일조 시간이 직고 비가 많이 내린다. 재배 작물과 가축은 종류에 따라 완전히 부적합하거나 거의 자라지 않는다고 했다.

그러나 문제는 그다음이다. 이렇게 매서운 기후 조건인데도 주민들은 곡류와 딸기, 채소를 주식으로 하고 꿀을 넣은 술 같은 음료를 만들어 먹는다고 기술하고 있다. 어떻게 해석해도 이해가 불가능한 모순된 이야기임에는 틀림없다.

툴레로 가는 도중, 혹은 귀로 어딘가의 지역과 혼동하고 썼을 가능성이 있다. 북극권 근방에서 비가 많이 오고 꿀벌이 생식하는 온난한 기후를 볼 수 있는 곳이 있다면 분명히 아이슬란드보다는 노르

플리니우스 초상화, 미국 워싱턴 D.C. 의회도서관.

웨이 연안일 것이다. 그렇다고는 해도 항해로 하루 거리에서 유빙과 만난다는 것은 아이슬란드 바다 쪽이 오히려 자연스러운 생각이다.

그러나 아이슬란드설에는 결정적으로 불리한 조건이 있다. 원래 이 극북의 땅에 인간이 정착한 것은 8세기에 아일랜드 수도승 디킬이 은거한 것이 최초라고 하며, 본격적으로는 874년 노르웨이 바이킹의 정착까지 기다려야 한다.

즉, 피테아스가 도래한 기원전 4세기에 이미 섬에 주민들이 있었고 게다가 농경을 영위하고 있었다는 보고는 어떻게 봐도 논리적으로 정합성이 없다. 따라서 최근에는 아이슬란드설은 버림받고 노르웨이 연안 트론헤임 부근으로 추정하는 것이 적절한 해석으로 여겨지고 있다.

툴레는 당시 인간이 정착할 수 있는 북쪽 한계지?

툴레가 당시 인간이 정착할 수 있는 북쪽 한계지였다고 한다면, 항해가 피테아스의 눈에는 어떻게 보였을까. 앞의 《대양에 대하여》의 일부를 인용했다고 여겨지는 스트라본의 《지리학》은 다음과 같이 묘사했다.

"툴레에서는 육지와 바다, 하늘이 확실치 않은 대신 그것들이 합쳐져 해파리 같은 것이 된다. 이 안에는 온갖 것이 떠다니고, 또 그 것들이 모두 쇠사슬처럼 달라붙은 채로 고착돼 걸어서 건널 수도, 배로 지나갈 수도 없다. 피테아스에 따르면 해파리 같은 것은 직접 목격한 현상이지만, 그 밖의 것은 모두 풍문에 근거한 것이다."

애매모호하기 때문에 이미지를 환기시키기 곤란한 광경이지만 아마도 육지, 바다, 하늘이 분명치 않다는 것은 노르웨이 연안 등 북대서양에서 빈발하는 짙은 안개이고, 해파리 형상의 것은 협만 (피요르) 등에서 결빙 초기에 볼 수 있는, '팬케이크 아이스'라고 불리는 원형의 박빙으로 생각된다. 이 같은 기술은 피테아스가 적어도 동지冬至 때까지 현지에 머물렀다는 사실을 명백하게 뒷받침하는 듯하다.

또 이 땅은 매우 춥고, 특히 땅이 얼어붙는 겨울철에는 작물이 자라지 않고 수확기에도 햇빛이 밝게 드는 날이 없기 때문에 건물 안에 수확한 곡식을 모아놓고 가서 두드려 탈곡하는 방법을 취한다고 한다. 그래서 여름밤은 3시간 정도, 장소에 따라 2시간 정도로 아주 짧고, 그것도 해가 졌는가 하면 금방 다시 떠오른다는 것이다.

사람들은 대부분 원시적이고 통나무와 갈대를 조합한 가옥에 살고 있고, 음식의 종류도 한정돼 대체로 빈약하지만 앞서 기술했듯 '쿠르미Curmi'라 불리는 맥주의 일종이나 꿀술인 '미드Mead'를 마신다고 한다.

전설의 섬 툴레가 과연 노르웨이 연안부였는지 현재로서는 장담할 수 없다. 그러나 백야 현상과 미드를 마시는 관습에 비춰 볼 때 스칸디나비아반도의 어느 곳임을 반박하기는 어려울 것으로 보인다.

어쨌든 그 환상적인 내용과 함께 이 세상 끝에 외로이 남겨진 전설의 섬이라는 신비함을 지닌 툴레지만 중세 이후에는 누구도 도달하기 힘든 지역을 가리키는 말로 쓰였다. 그리고 이 불확실한 땅에 대해 사람들이 파악한 것은 북쪽의 아주 먼 곳에 위치하기 때문에 발을 들여놓지 않는 편이 현명하다는 경고뿐이었다.

성 브랜던
제도

중세 유럽에 《성 브랜던의 항해담》이라는, 사람들을 매료시킨 모험담이 있었다. 성 브랜던이라는 인물이 지상낙원을 찾는 가운데 온갖 괴물과 신기한 섬을 만난다는 판타지이다. 하지만 언젠가부터 섬 자체가 실제로 있다고 생각해 찾아 나서게 되었다.

민중에게 압도적인 지지를 받은 《성 브랜던의 항해담》

유럽 대륙 서쪽 멀리 대서양 어딘가에 성 브랜던 혹은 성 브렌다누스라고 불리는 섬들이 500년 넘게 계속 존재했다.

최초로 등장한 것은 현재 중세 최대의 세계지도로 1280년경 작성되었다고 하는 '헤리퍼드 마파 문디'였다. 거기에는 세계를 원형으로 둘러싼 대양(오케아노스)의 최서단에 '행운의 섬 성 브란다누스

제도'라고 쓰여 고대 그리스인들이 '행운의 섬'이라고 부르던 카나
리아 제도를 성 브랜던의 섬으로 간주하고 있다.

중세 유럽에서는 대양 건너편에 아무것도 알려지지 않은 이상한

성 브랜던의 항해, 1908년, 에드워드 레지널드 프램튼, 위스콘신대학교 뮤지엄.

나라가 있다고 믿고, 그 나라를 탐험하고 항해하는 민화와 전설이 매우 많았다. 교회를 중심으로 성경을 유일한 절대 진리로 간주하는 내세관을 강요당한 민중은 주변의 고통스럽고 현세적인 일보다 미지의 세계에 대한 막연한 동경과 호기심이 더 강했을지 모른다. 그런 가운데 민중에게 압도적인 지지를 받은 모험 항해 이야기가 《성 브랜던의 항해담》이다.

성 브랜던이라는 인물이 지상낙원을 찾아 구원받기 위해 대서양 너머까지 항해했다가 여러 섬들을 돌며 수많은 기적과 모험을 겪는 신비한 여행기들이다. 그러나 이들이 들렀던 섬에 대한 묘사는 사본된 시대와 번역된 언어의 차이에 따라 여러 가지 버전이 나온다.

기독교 세계의 낙원 및 이상향을 구현한 모험담

책에 따라 기술은 많이 다르지만 경이로운 상상 속의 섬들이 잇따라 등장하는 점에서는 모두 마찬가지이다.

예를 들어 소만큼 거대한 양이 꽉 들어찬 섬, 죽은 자의 영혼이 사람의 말을 알아듣는 아름다운 새가 된 낙원, 물을 마시지 못하는 영혼이 호수 주위를 떠도는 섬, 눈 덮인 산꼭대기에서 신음하며 불기둥과 연기를 뿜어내는 섬, 높이 900m에 달하는 거대한 수정 기둥으로 된 교회가 있는 섬, 시커먼 악마가 지배하는 섬, 예수를 팔아넘긴 유다가 지옥의 형벌을 견디는 섬, 난쟁이가 사는 섬, 잘 익은 과실이 가득하고 해가 지지 않는 섬, 사자 몸통에 독수리의 머리와 날개를 가진 반수반조 그리핀이 황금을 지키는 섬 등등 상상과 환상의 장면들은 끝이 없다.

그것은 그리스 신화, 켈트 신화, 민간전승, 성경과 성인들의 전설, 《아라비안나이트》에 나오는 신드바드의 모험담 등에서 온갖 다양한 소재를 받아들여 항해기의 색깔을 더했다.

섬에 상륙하지 않더라도 괴수, 괴인의 등장은 빠지지 않는다. 예를 들어 몸을 녹이기 위해 나무를 베려다 갑자기 바다에 내던져져서 자세히 보면 등에 숲을 짊어진, 야스코니우스라고 불리는 고래 같은 거대 괴어가 나타나는 에피소드라든가, 무수히 많은 배를 빨아들이는 끈질긴 '마의 바다', 미성으로 노래해 뱃사람을 졸리게 만드는 세이렌 같은 반인반어半人半魚 괴물도 등장한다. 그러나 뭐니 뭐니 해도 신에게 축복받은 최종 목적지인 '약속의 땅'에 도달하는 것이야말로 이 항해 모험담의 절정이자 기독교 세계의 낙원 및 이상향을 구현한 것이다.

그 '약속의 땅'에 대해선 다음과 같이 말한다.

"큰 방에는 비단과 황금빛 이불로 덮인 호화로운 침대가 있었고, 화려한 색상의 비단으로 덮여 있었습니다. 성안의 건물에는 강철처

성 브랜던의 모험. 1621년에 플라티우스(Pautius)가 작성한 《성 브랜던섬 지도》의 일부. 거대한 물고기의 위에서 기도하는 성 브랜던이 묘사되어 있다.

럼 단단하고 유리처럼 밝은 벽색碧色의 바닥이 깔려 있었고, 금세공이 장식된 보석이 박혀 있었습니다. (중략) 아, 일행은 멋진 정원을 보았는데, 거기엔 한 그루의 사이프러스 나무가 있었고, 그 아래에는 사시사철 푸르른 아름다운 밭이 펼쳐져 있었습니다. 이 나무에서부터는 무수한 황금 술잔과 이 세상의 것이라고는 상상할 수 없는 진수성찬이 차려져 아름답고 호화로운 식탁이 얼마나 늘어져 있는지요."

성 브랜던은 역사상 실존한 성직자였다?

그렇다 하더라도 이야기의 주인공이 된 성 브랜던은 도대체 누구일까? 자세한 생애는 불분명하지만 역사상 실존한 성직자였던 사실만은 분명하다.

484년 아일랜드 남서부 딩글반도 안쪽의 트랄리 부근에서 태어났다. 553년경 클론퍼트에 수도원을 창건했지만, 나중에 하늘의 계시를 받아 신의 말씀을 전파하는 전도사의 길을 택한다. 그리고 항

성 브랜던 일행이 반인반어인 세이렌과 만나는 장면.

해자가 되어 아일랜드 연안으로부터 웨일스, 스코틀랜드의 섬, 또 대륙의 브르타뉴반도까지 거쳤다고 한다. 그리고 80세 무렵 다시 스코틀랜드 서안의 섬들을 방문했고, 577년에 90세가 넘는 고령으로 사망했다.

이런 편력으로 성 브랜던은 현지 아일랜드는 물론이고 프랑스 북해 연안, 북독일, 발트해 연안 등에서 지금도 열렬한 숭배를 받고 있다. 보통 뱃사람들의 수호성인이지만 북독일에서는 어떤 이유인지 목욕탕과 대장간의 수호성인으로 추앙한다.

이 독실한 성직자가 어떻게 용감한 항해가의 길을 나서게 되었을까?

대서양에 인접한 섬나라 아일랜드에는 예부터 '이므럼Immram'으로 불리는 항해 모험담 같은 민간전승이 존재했는데, 여기에 초기 기독교의 교화를 목적으로 한 설교 이야기가 결합돼 이야기의 틀이 형성된 것으로 보인다. 이런 배경에서 오랜 세월 동안 여러 지역에서 전설로 뜨겁게 달궈지면서 나중에 신화로까지 승화된 것으로 보인다.

성 브랜던이 사망하고 1세기 후 680년에는 수도사 애덤난이 《성 콜룸바의 생애》를 엮었는데, 여기에는 항해자로서 브랜던의 편력이 소개되어 있다.

그 후 '약속의 땅'으로 떠나는 것과 고래 에피소드 등 세부 기록이 합쳐져 '성 브랜던의 항해담'이라는 제목으로 이야기의 큰 틀이 완성된 것은 900~910년경이라고 한다. 풍부한 상상력과 항해, 모험의 묘사에 더해 마법의 나라에서 벌어진 에피소드, 신비한 심령술 등 엔터테인먼트의 요소를 빠짐없이 집어넣은 이 책은 금세 민중의 마음을 사로잡았고, 아일랜드의 《오디세이아》로 널리 각인되면서 각국어로 번역돼 중세 유럽을 대표하는 일대 베스트셀러가 된 것이다.

성 브랜던의 전설은 처음에는 문자 그대로 전설의 영역을 벗어나지 않았지만, 이윽고 항해록과는 분리되어 섬 자체가 실제로 존재한다고 믿으면서 신화의 영역으로 확장된 것이다. 앞서 소개한 '헤리퍼드 마파 문디'에 기록된 것을 시작으로 14세기 유럽인의 관심이 지중해에서 대서양으로 향하게 되자, 어느덧 성 브랜던 제도는 대서양의 에덴동산과 혼동되어 당당하게 지도에 등장하기에 이른 것이다.

대서양의 여기저기를 옮겨 다니는 성 브랜던 제도

헤리퍼드 마파 문디에서 볼 수 있듯이 당초 성 브랜던 제도는 현재의 카나리아 제도와 동일시되었지만, 1357년의 '카탈란 아틀라

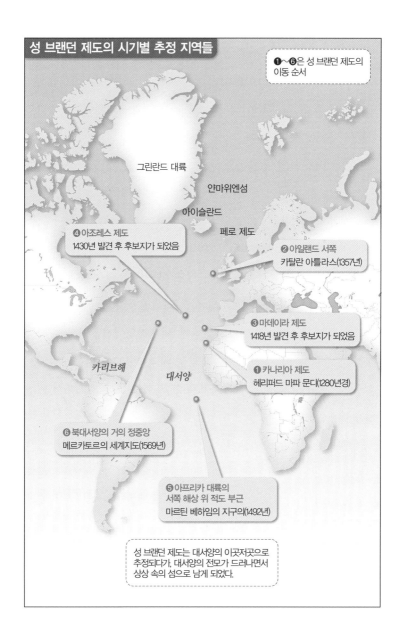

성 브랜던 제도의 시기별 추정 지역들

❶~❻은 성 브랜던 제도의 이동 순서

그린란드 대륙

얀마위엔섬

아이슬란드

페로 제도

❹아조레스 제도
1430년 발견 후 후보지가 되었음

❷아일랜드 서쪽
카탈란 아틀라스(1357년)

❸마데이라 제도
1418년 발견 후 후보지가 되었음

❶카나리아 제도
헤리퍼드 마파 문디(1280년경)

카리브해

대서양

❻북대서양의 거의 정중앙
메르카토르의 세계지도(1569년)

❺아프리카 대륙의
서쪽 해상 위 적도 부근
마르틴 베하임의 지구의(1492년)

성 브랜던 제도는 대서양의 이곳저곳으로
추정되다가, 대서양의 전모가 드러나면서
상상 속의 섬으로 남게 되었다.

스'에서는 아일랜드의 서쪽에 두고 있다.

이후 1418년 발견된 마데이라 제도 주변이 막연히 성 브랜던 제도라고 불리자 '항해왕'이라 불린 포르투갈의 엔리케 왕자는 탐험가들을 차례로 보내 '진짜' 섬을 찾으려고 애썼다.

그러나 1430년경 우연히도 아조레스 제도가 발견되었고 생각했던 것 같은 성과는 거두지 못했지만, 이번엔 지리학자들이 이 아조레스 제도와 성 브랜던 제도를 혼동해버리는 상황이 되었다.

1492년 제작된 마르틴 베하임의 지구의에서는 성 브랜던 제도가 멀리 아프리카 대륙 서쪽 해상의 적도 부근으로 이동했다. 대항해시대가 도래한 후에도 이 환상의 섬은 대서양 어딘가에 존재한다고 믿어져 유명한 1569년 메르카토르의 세계지도에서조차 북대서양의 거의 한가운데인 북위 50도 가까운 해역에 그려졌다. 그 후에도 항해술의 선구자와 지도 제작자들은 그 흔적을 찾아 계속해서 원정을 반복했다.

그러나 대서양의 공백부가 서서히 메워짐에 따라 아무리 독실한 기독교도라도 탐색을 포기할 수밖에 없었고, 17세기 중반의 요하네스 블라우의 세계지도에서는 뚝 잘라내 버리고 말았다. 그 이름이 적힌 마지막 지도는 1759년 것으로, 카나리아 제도 엘이에로섬의 서쪽 앞바다에 놓여 있다.

그런데 성 브랜던의 항해는 유럽 연안에 머물렀고, 대서양 서쪽으로 향했다는 사실은 이제 거의 부정되고 있다. 그러나 1960년대 초 아서왕 전설 연구로 알려진 제프리 애시는 그의 저서 《서쪽에 있는 땅》에서 브랜던이 실제로 항해했는지 여부를 떠나 항해담 자체의 지리적 추정은 충분히 가능하다고 갈파했다.

거대한 양이 살았던 섬과 새의 낙원은 노르웨이해의 페로 제도(덴마크령), 불기둥과 연기를 뿜어내는 섬은 북극해 근처의 얀마위엔섬(노르웨이령), 거인의 대장간은 아이슬란드 헤클라 화산의 의인화, 거대한 수정 벽이 솟은 곳은 빙산이며, 난쟁이와 검은 악마는 에스키모, 끈질긴 마의 바다는 바하마 앞바다의 사르가소해, 약속의 땅은 신대륙이라는 등의 배치이다.

모두 이야기의 묘사에서 추정했다고는 하지만 애시의 이론 전개는 중세의 아일랜드에서 실제로 이들 땅을 돌았던 항해가 있었음을 전제로 하고 있다.

하지만 기술과 묘사가 거의 일치하는 아이슬란드와 얀마위엔은 몰라도 과연 성 브랜던이 신대륙까지 발을 디뎠다는 이야기는 사실과 거리가 멀다. 역시 성 브랜던 제도는 현실과 허구가 뒤섞인 공상의 섬인데도 불구하고 민중의 마음속에는 이상향으로 자리 잡았다고 보아야 한다.

안틸리아섬

유럽의 서쪽에, 이슬람교도로부터 도망친 7명의 주교가 '7개의 도시'를 만든 섬이 있다. 전설을 좇아 항해자들은 앞다투어 바다로 나갔다. 중세의 지도에서는 그 섬이 카나리아 제도 주변에 존재한다고 되어 있었지만, 서쪽으로 가도 가도 그런 섬은 발견되지 않았다.

이슬람교 침략을 피한 스페인의 기독교도가 정착

대서양 서부 플로리다반도 앞부터 남미 대륙에 걸친 바다에는 활 모양을 이루듯 무수한 섬들이 산재해 있다. 이들 섬은 현재 앤틸리스 제도라고 불린다.

어원은 불분명한 점이 있지만 포르투갈어로 '반대쪽 섬'을 뜻한다고 한다. 두말할 나위도 없이 유럽 대륙에서 반대편 세계에 위치한다는 것이다. 이 지명의 유래가 된 것이 전설의 섬 안틸리아이다. 안틸리아섬은 성 브랜던 제도보다 약간 늦은 시기에 대서양 건너의 서쪽에 생겨났다.

　1435년에 작성된 '베카리오 지도'에 등재된 것이 시초라고 한다. 하지만 1,000년 이상 고대 그리스인들이 '헤라클레스의 기둥'으로 불렀던 지브롤터 해협에서 서쪽은 세계의 뒤편으로 이어지는, 이른 바 이 세상의 끝이자 괴물과 악마가 날뛰는 위험한 바다로 오랫동안 두려워해왔다.

고지도 속의 안틸리아섬.

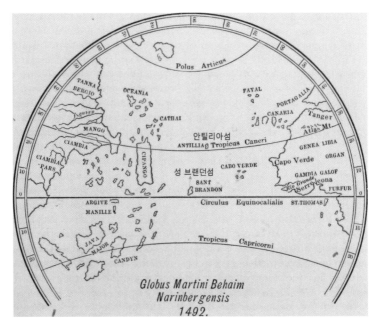

지구의 속의 안틸리아섬.

중세 지도의 상당수는 성 브랜던 제도와 혼동했던 카나리아 제도의 북방 혹은 서쪽 해역에 안틸리아섬을 묘사하고 있다. 베카리오 지도에서는 책 모양으로 길쭉한 사각형의 묘한 지형인데, 그 외 지도에서는 만이 많은 마름모꼴의 섬 또는 콩 같은 타원형으로 표현되었다. 비록 어떤 형태로 그려지든 간에 수수께끼로 가득 찬 미지의 세계에 대한 동경이나 두려움이 만들어낸 가공의 영역임에 틀림없다. 접근할 수 없는 영역을 상상력으로 보완하려 했던 당시 세계관이 창조한 작품인 셈이다.

따라서 섬의 역사적 배경에 대해서도 신성한 전설이 사실처럼 전해져 내려왔다. 말하자면 사도들을 이끌고 피난을 떠난 포르투갈인 주교 7명이 건설한 '7개의 도시'가 있었던 섬이라는 것이 대표적이다.

콜럼버스의 대항해가 성공하던 해에 지구의를 만든 마르틴 베하임은 카나리아 제도 서쪽 해상의 섬에 이렇게 적었다.

"734년 아프리카의 이교도(이슬람교도)들이 스페인 전체를 정복하자 세테 시다데스(Sete cidades, 7개의 도시라는 의미)로 불리던 안틸리

지구의를 최초로 만든 마르틴 베하임.

아섬에 포르투갈 포르투의 대주교가 여섯 명의 주교와 함께 살았다. 가축과 재산, 생활 도구 및 그 밖의 것들을 배에 싣고 스페인에서 도망친 수많은 남녀 기독교도도 정착했다. 그 후 이 섬은 외부 세계와의 소식을 단절했지만, 1414년 스페인에서 처음으로 배가 왔다."《잃어버린 도시 · 섬 · 민족》

토스카넬리 지도의 마데이라 제도와 안틸리아섬

1447년 리스본으로 향하던 안토니오 레오네 선장이 지휘하는 캐러벨(어선을 개조한 범선)이 폭풍을 만나 돛대가 부러져 떠내려갔다는 항해 기록이 있다.

내용의 일부에는 3일 밤낮을 항해한 뒤 평평한 초승달 모양의 섬에 도착해 한쪽에 배를 정박하고 쉬고 있는데, 섬 주민으로 여겨지는 남자가 상태를 보기 위해 다가와서는 "무어인(이슬람교도)들은 지금도 이베리아를 괴롭히고 있는가?"라고 포르투갈어로 선장에게 물어봤다는 기록이 있다.

또한 레오네 선장 일행은 배를 수리하기 위해 몇 주 동안 섬에 머물렀는데, 그동안 그들은 섬 안에 일곱 개의 마을이 있다는 것을 알게 되었다. 각 마을에는 거친 현무암으로 만들어진 성당이 있었는

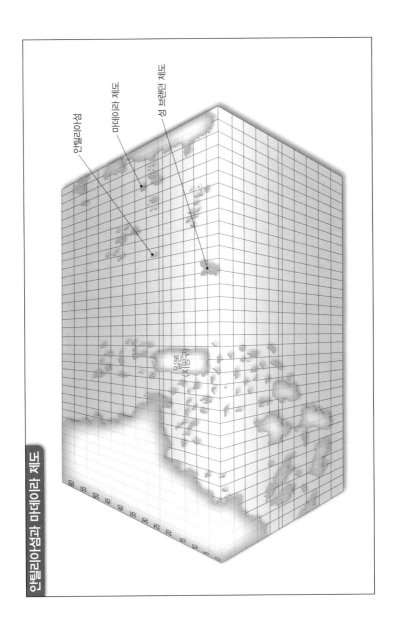

안틸리아 섬과 마데이라 제도

안틸리아 섬

마데이라 제도

성 브랜든 제도

유럽(지도)

데, 성당 안에는 금 촛대와 십자가를 배치했고, 제단은 금으로 된 자수로 덮여 있었다고 한다.

당시 이 섬들은 대서양 어디에도 존재하지 않았기에 이것이 소문의 '일곱 개의 도시'라고 전하는 이도 많았다.

이런 기록과 베하임 지도의 글을 따라가 보면 지금의 마데이라 제도인 것 같지만 세부 내용을 들여다보면 확연히 차이가 난다.

1474년 이탈리아 천문학자 토스카넬리가 만든 세계지도에도 마데이라 제도와 안틸리아섬은 따로 묘사돼 있다. 서쪽 항로 계획을 세운 콜럼버스의 문의에도 토스카넬리는 리스본과 중국의 거리는 26에스티아(1에스티아는 400㎞), 안틸리아섬에서 지팡구섬(일본. 실제 는 멕시코시티 위치)까지는 10에스티아라고 답했다. 콜럼버스는 안틸 리아섬을 아시아 대륙의 부속 도서 중 하나로 여겼던 것 같다. 그 래서 인도 주변으로 착각한 서인도 제도의 섬들을 나중에 안틸리 아라고 이름 지었고, 이것이 현재 안틸리아의 지명 유래가 되었다 고 한다.

현실에는 존재하지 않는 낙원의 모습으로 묘사

당시 지리서와 역사서는 안틸리아섬이 일곱 명의 주교와 독실한 기독교도 후손에 의해 번영하고 막대한 부를 축적해왔다고 한다.

'섬에서는 각종 산물이 쉬지 않고 수확되어 기쁨에 찬 주민들은 조금도 걱정 없이 살아간다. 도시는 수정으로 된 성벽으로 둘러싸여 있고 건물은 황금, 루비, 에메랄드, 다이아몬드 등 다양한 보석류로 둘러싸여 있다. 정원에는 희귀한 향초와 약초가 심어졌고, 나뭇가지에는 이전에 본 적 없는 아름다운 새들이 묘한 노래를 지저귀고 있다.'

현실에는 존재하지 않는 낙원의 모습을 보는 듯하다. 원래 상상의 산물이고 상륙한 사람이 없었으니 기술에 현실감이 전혀 따르지 않는 것은 당연하다. 게다가 '섬에는 배로 쉽게 접근할 수 없다'라는 가이드라인(안전망)을 확실히 치고 있다.

한편 베하임의 글에 나타난 것처럼 7개의 도읍지가 있다고 해서 오랫동안 이 섬은 '세븐 시티즈섬'으로도 불렸다. 안틸리아섬과는 별개로 취급하는 문헌도 일부 보이지만, 대부분은 같은 섬이라고 생각한다.

그런데도 의미 깊은 것은 왜 7인가 하는 점이다. 7은 기독교의 성스러운 숫자로 알려져 있는데, 세븐 시티즈의 유래에 대해서는 독일인 고대 지리학자 리하르트 헨닉이 흥미로운 설을 인용했다.

지브롤터 해협 건너편에 있는 스페인령 세우타는 '헤라클레스의 기둥'의 한쪽으로 일컬어지는데, 몬테아초산의 7개 봉우리가 배후에 솟아 있어 고대 로마의 시대에는 '셉템 프라트레스('일곱 형제'라는 의미)'라고 불렸다.

그것의 현지 발음에서 지금의 세우타라는 이름이 나왔다는데, 그건 그렇고 셉템 프라트레스는 기독교가 침투해 들어가는 과정에서 '7명의 수도사'라고 명명되었다고 한다. 세월이 흐르면서 수도사는 주교로 격상되었고, 급기야 이슬람교도로부터 추방당한 일곱 주교가 서쪽 먼 섬에 하나씩 도읍을 만들었다는 풍문으로 모습을 바꾸어갔다고 한다.

실제로 이슬람의 박해를 피하기 위해 이베리아반도 주변의 숨겨진 작은 섬으로 피신한 사례도 적지 않았을 것이다. 그런 재난과 사건이 벌어질 때마다 어느덧 성스러운 은신처의 전설로 둔갑해 전해져 내려온다 해도 조금도 이상하지 않을 것이다.

수수께끼의 안틸리아섬은 모험가의 공명심을 자극

이렇게 몇 세기 동안, 엄밀히 말하자면 18세기에 이르기까지 수수께끼의 안틸리아섬(세븐 시티즈섬)은 야심 찬 항해자들의 공명심을 자극하며 흥미를 북돋았다.

예를 들어 플랑드르인 페르나오 달모는 포르투갈 왕 후안 2세에

후안 2세, 1892~1894년, 호세 마리아 로드리게즈 로사다, 스페인 레온 의회.

게 세븐 시티즈섬과 성 브랜던 제도의 탐험을 청했고, 왕은 직접
"멀리 바다에 있는 일곱 도시의 섬으로 생각되는 큰 섬 또는 군도

혹은 대륙을 발견하고 통치해도 좋다"라고 허가했다.

달모는 섬에 얽힌 명성과 지리적 위치 관계를 누구보다도 먼저 확정하려고 노력했다. 그래서 마데이라 제도의 에스토레이트라는 남자를 안내인으로 내세워 1487년 대서양 앞바다로 출항했다고 하나, 그의 행방을 전하는 기록과 문서는 어디에도 남아 있지 않다.

한편 이 무렵 많은 탐험가는 현실과 허구가 뒤섞여 있는 불완전한 지도에 대해 의심을 품게 되었다. 지도대로 탐사한 결과 해당하는 섬과 육지가 어디에서도 보이지 않았고, 밑 빠진 독에 물 붓기식의 사례를 더는 감출 수 없게 되었기 때문이다.

안틸리아섬도 예외는 아니다. 처음에는 카나리아 제도의 서쪽에 있었고, 콜럼버스의 항해 전후까지는 확실히 그곳에 존재한다고 믿어 의심치 않았다. 그러나 이윽고 대항해 시대에 이르러 지도의 공백이 서서히 채워짐에 따라 섬의 위치는 서쪽으로 이동해 대서양 중부에서 버뮤다섬 근해로까지 밀려났고, 결국은 콜럼버스에 의해 카리브해에 있는 섬(현 히스파니올라섬)의 이름으로 들어가게 되었다. 이처럼 예상 장소에서 점점 후퇴하는 섬을 당시 항해자들은 '도망치는 섬'이라고 불렀다.

하지만 군주들과 탐험가들은 그 결과에 수긍하지 않았다. 전해진 것 같은 낙원의 이미지를 히스파니올라섬에서는 찾아볼 수 없었기 때문이다. 그들은 단념하지 못하고 다시 서쪽으로 그 환영을 찾아

갔지만, 더는 숭고하고 성스러운 땅을 찾으려는 탐험이 아니라 금은보화를 캐내려는 탐욕을 채우기 위한 시도에 지나지 않았다.

카시테리데스
제도

고대에 귀중했던 주석의 산지로 간주된 곳이 카시테리데스 제도(주석의 섬들)이다. 그리스의 쟁쟁한 학자들도 이 섬을 언급했지만, 현재 그것이 있다고 여겨지던 해역에서는 찾아볼 수 없다. 실제로 여기에 다녀왔다는 증언도 있어 단순한 풍문으로는 여길 수는 없다.

이베리아반도의 갈리시아와 콘월반도 남단이 후보지

주석은 가장 먼저 알려진 금속 중 하나로 구리와의 합금을 통해 청동을 만들어내면서 이른바 청동기 시대라는 역사의 분기점을 만들어냈다.

공기 중과 물속에서 잘 변하지 않는 성질을 지녀 철과 구리 등의 표면에 도금을 많이 하는 주석은 기원전 4000년경 고대 메소포타

고대 유럽의 주석 2대 산지

주석
금, 은 다음으로 비싼 금속이다. 영국이 주석 산지로 가장 유명하며, 말레이시아와 태국도 주목을 받고 있다. 로마가 브리타니아(영국의 과거 지명)를 점령한 것도 주석, 구리, 납을 생산하는 당대 최대의 광산인 '콘월 광산'을 얻기 위해서라고 알려져 있다. 로마인들은 이렇게 얻은 주석을 원료로 도장과 작은 도구들을 만들었다.

콘월
1870년대에 주석 분야의 선두였으며 2,000개의 광산을 가지고 있었다.

북해

런던

콘월

브르타뉴반도

파리

루아르강

비스케이만

가론강

마실리아

피니스테레곶

갈리시아

나르본

이베리아반도

로마

카디스

지브롤터 해협

카르타고

지중해

갈리시아
로마 시대부터 개발하여 주석을 생산해냈다.

미아에서 제련법이 시작된 것으로 보인다.

기원전 3000년경, 그 기술이 서쪽으로 전해지자 페니키아인과 그 후계자인 카르타고인은 지중해 연안에서 주석 광석을 캐내 청동기를 만들고 무기와 식기 등으로 활용했다고 한다.

그러나 지중해 연안의 주석 산출량은 대단치 않은 수준이었고, 구리와 다르게 공급지가 극히 한정되어 있었다. 어쩔 수 없이 그들은 주석 광석을 조달하기 위해 지브롤터 해협 너머 멀리 떨어진 지역까지 진출했고, 다음 두 곳이 주요 산지로 주목받게 되었다고 한다.

하나는 이베리아반도 북서부의 갈리시아 지방인데, 이곳은 로마 시대인 AD 1세기에 개발이 시작된 산지이다. 한편 브리튼섬 남서단의 콘월반도 서쪽은 꽤 이른 시기부터 유럽 굴지의 주석 광산으로 주목받아 18~19세기를 정점으로 20세기 말까지 채굴이 계속되었다.

콘월반도의 광석은 해로를 통해 이베리아반도 남단의 카디즈로 옮겨졌고, 이곳을 집산지로 삼아 지중해 각지에 공급되었다고 한다. 그러나 카르타고가 로마에 정복된 기원전 2세기 이후로는 브리튼섬에서 해협 건너편의 브르타뉴반도로 보낸 뒤, 거기에서 루아르강 또는 가론강을 배로 내려가 지중해 연안의 마실리아(마르세유)와 나르본으로 운반되는 것이 일반적인 루트였던 것 같다.

'카시테리데스'는 그리스어로 '주석의 섬'

하지만 '콘월 지방에서 옮겨진 광석 정도로는 광대한 로마제국의 구석구석까지 수요를 채울 수 없지 않았을까'라며 의문을 던지는 목소리도 강하다.

이들은 주석을 가장 많이 산출하는 땅이 어딘가에 따로 있었을 것이라고 주장한다. 진짜 주석 산지 주인공의 유력 후보는 이베리아반도와 브리튼의 중간쯤에 있는 비스케이만 중앙에 위치한 카시테리데스 제도라는 것.

'카시테리데스'는 그리스어로 '주석의 섬'을 뜻하는데 스트라본, 포시도니우스 등 고대 지리학자 대부분이 많든 적든 간에 이 섬을 언급했다. 특히 기원 전후의 지리학자 스트라본은 일찌감치 이 섬에 주목하면서 아르타브리족이 사는 지방(이베리아반도 북서부)의 맞은편 바다에 카시테리데스 제도가 있음을 천명했다. 검은 옷을 입는 섬 사람들은 주로 가축을 키우며 사는데, 주석과 납 광석이 풍부해 교역상들과 물물교환한다고 하는 등 묘사도 상당히 구체적이다.

비슷한 시기에 플리니우스는 대표작《박물지》

C. PLINII SECUNDI
NATURALIS
HISTORIÆ,
TOMUS PRIMUS.

《박물지》1669년 판의 표지. 상단에 '대플리니우스의 박물지 제1권'으로 적혀 있다.

에서 "케르티베리아(갈리시아)와 마주하고 있는 많은 섬이 있는데, 흰 납(주석)이 풍부해 그리스인은 카시테리데스로 부르고 있다. 그리고 아르타브레스곶을 마주 보고 6개의 신들의 섬들이 있었으며, 어떤 사람들은 이를 '지복의 섬'이라고 불렀다"라고 기술했다.

또 AD 2세기 전반 활약한 알렉산드리아의 지리학자 프톨레마이오스는 그의 책《지리서》에서 "서쪽 대양에는 10개의 섬으로 이루어

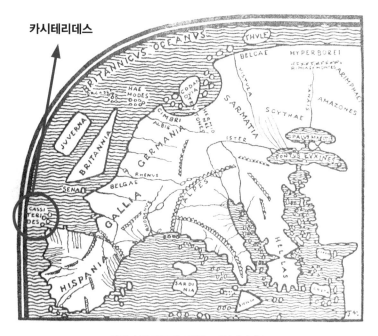

로마 시대 지도에 나오는 카시테리데스.

진 카시테리데스 제도가 있는데, 그 중심부의 위치는 경도 4도, 위도 45도 30분의 땅"이라고 상세히 소개했다. 현재의 정확한 경위도와 비교하면 다소 어긋나지만 그가 작성한 지도에는 분명히 이베리아반도 북서단 피니스테레곶 앞바다에 섬이 있다고 묘사하고 있다.

그러나 현재의 어떠한 지도를 펼쳐 봐도 이 해역에 섬이란 없다. 작은 암초 같은 것이 바다 연안에 산재해 있지만, 주석을 산출했다는 옛 기록도 남아 있지 않기 때문에 이들 암초는 주석 산지로는 필히 논외일 것이다.

어쨌든 기원전 1세기 로마의 이베리아 지방장관 푸블리우스 리키니우스 크라수스는 재임 중에 카시테리데스섬을 방문해, 그다지 깊이 파지 않아도 주석 광석을 대량으로 생산할 수 있다고 전했을 정도니까 실재 자체를 완전히 부정하기도 힘든 일이다.

고대 지리학자들이 기록한 섬은 어디에도 없다?

극소수의 연구자들은 크라수스가 브르타뉴반도 앞바다의 웨상Ouessant섬이나 콘월반도 끝의 실리 제도, 아니면 스페인 북서부 리아스식 해안의 작은 섬 중 하나로 건너갔을 것이라고 추측하고 있다. 혹은 대서양의 아조레스 제도나 카나리아 제도를 인용하는 사람도 있다. 그러나 실재하는 많은 섬 가운데 고대의 지리학자들이 묘사한 카시테리데스의 지형이나 풍속과 합치하는 것은 하나도 없다.

이처럼 기록에 부합하는 섬이 보이지 않자 앞서 언급한 성 브랜던 제도와 안틸리아섬처럼 결국 풍문에 불과하지 않았느냐는 지적도 있다. 한편으로는 카르타고 측에서 자신들이 발견한 주석 광산의 독점권을 지키기 위해 퍼뜨린 유언비어라는 설도 그냥 지나치기는 어렵다.

로마 세력이 브리튼섬에 이르렀을 무렵까지 카르타고인들은 콘월 지역의 주석 광산에 대한 사실을 완고하게 숨겨왔고, 정보를 교란하기 위해 조작한 양동 작전을 벌인 게 아닌가 하는 추측이다.

그러나 섬에 대한 극명한 묘사는 물론이고 실제로 도항한 증언까지 갖추어져 있으니 말 그대로 판타지의 영역으로 편입시킬 수도 없다.

이 해역에서 기록에 기술된 그대로의 섬은 확실히 존재하지 않는다. 다만 현재 눈에 띄지 않는다고 해서 과거도 그랬다고 단정해버리는 것도 어쩌면 속단일 것이다. 시간을 거슬러 올라간 옛날 어느 시기, 섬이 실존하고 사람들이 살았을지도 모르기 때문이다.

최근 많은 해양학자는 카시테리데스가 있던 장소는 대서양 해저를 수색해야 발견될 것이고, 그렇게 해야 베일에 싸인 수수께끼도 해결될 것이라고 목소리를 높이고 있다. 그러나 이런 학자들 사이에서도 구체적인 장소를 놓고 논란이 끊이지 않는다.

가장 가능성이 높은 곳은 아일랜드섬 남쪽, 이베리아반도 피니스 테레곶 북쪽 끝이다. 세계의 해면 수위가 전체적으로 상승했을 뿐 아니라 지각 변동과 지진으로 인한 함몰이 일어났기 때문에 사라지게 된 것은 아니었을까.

실제로 브리튼섬과 프랑스 서쪽의 대서양 해안에서는 육지가 빠르게 가라앉고 있으며, 가령 실리 제도 부근 바다 밑에서는 오래된 건축물의 흔적과 많은 유리잔이 발견되어 '환상의 땅' 아발론이라고 할 정도이다.

카시테리데스 수몰설은 어디까지나 가설의 영역을 벗어나지 않는다. 하지만 수많은 고대 항해자와 지리학자들이 진위를 제대로 확인하지도 않고 전설과 공상의 이야기를 만들어냈다고는 도저히 생각되지 않는다.

섬나라
나찰국

인도의 요괴 라크샤사에서 유래한 '나찰'은 훗날 여자 도깨비를 가리키며 스리랑카 건국 전설 등을 낳았다. 그래서 '나찰국'은 스리랑카를 가리키는데, 어쩐 일인지 일본 고지도에는 일본열도 남쪽에 나찰국이 또렷이 그려져 있다. 도대체 이게 무슨 소리인가.

브라흐마의 실패작인 나찰족은 남인도 원주민?

추악한 괴력의 소유자로 상상의 요괴인 도깨비는 전 세계 어디서나 이승과 저승을 오가는 상상의 산물이다. 서양이라면 오그르와 고블린, 중국이라면 도깨비와 찰귀, 인도에서는 아슈라와 야크샤, 라크샤사 등이 틀림없는 도깨비의 동료일 것이다. 원래 일본의 도깨비는 인도와 중국의 요괴들을 원형으로 전해져 만들어졌다고 한다.

나찰녀.

　특히 라크샤사는 고대 인도에서 옛날부터 인육을 먹는 흉포한 악마의 대표로서 두려운 존재였다. 이들이 나중에 불교에 도입되어 음역된 것이 나찰이다. 나찰은 우주의 창조신 브라흐마(범천)에 의해 최초로 생명을 부여받은 자지만 명백한 실패작이다.

　본성은 잔학하고 지저분하며 피에 굶주리고 음란한 마물魔物의 모습을 하고 있는데, 라크샤시(나찰녀)는 눈이 뒤집어질 정도의 미녀로 둔갑해 외모를 무기로 남자를 홀린 뒤 잡아먹는다는 것이다. 기원전 3세기경 성립된 인도의 서사시《라마야나》에 따르면 그들의

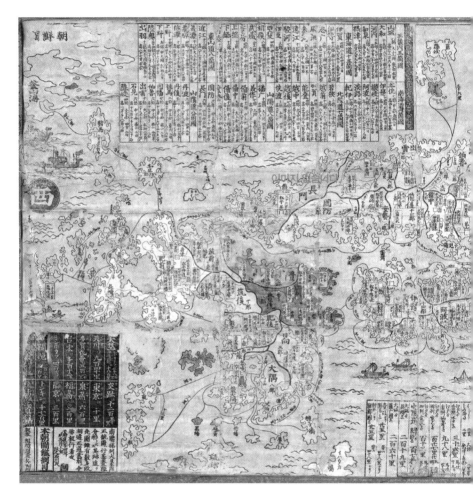

중세 일본 지도의 원형인 본조도감강목(本朝圖鑑綱目), 이시카와 류센, 고베 시립미술
관. 지도 남쪽의 오른쪽에 나찰도가 명시되어 있다.

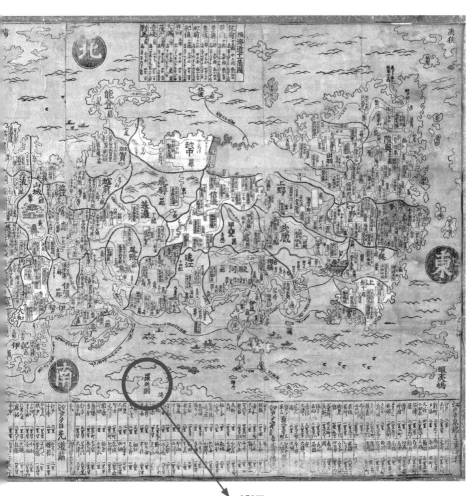

나찰국

본거지는 인도 남쪽 해상에 있다고 하는 랑카섬으로, 그곳에는 나찰의 왕 라바나가 살고 모든 종족을 거느리고 인도 전역에 군림하며 온갖 행패와 만행을 저지르고 있었다. 그러나 악역 라바나는 영웅 라마의 정의의 칼날에 죽임을 당한다는 상투적인 권선징악의 줄거리를 갖추고 있다.

참고로 나찰족은 과거 남인도의 원주민으로, 종교 의식을 위한 식인 풍습이 있던 드라비다계 인종을 모티브로 한 것으로 추측되었다.

《라마야나》에서 시작된 악마의 나찰국은 그 후 어떻게 그려졌을까. 시대가 흐르면서 주인공은 어느덧 나찰녀로 대체되었고, 2세기에 성립된 부파불교部派佛敎의 교의 《대비바사론大毘婆沙論》과 붓다의 전기를 중심으로 한 성전 《마하바스투Mahavastu》 등에도 나찰녀의 섬에 대한 기술이 나온다.

그러나 이를 더 광범위하게 알린 주역은 당대의 고승 현장(또는 삼장)이 646년 엮은 기행문 《대당서역기大唐西域記》일 것이다. 적어도 일본의 《곤자쿠 모노가타리今昔物語》(헤이안 시대 말기에 만들어진 일본의 설화집)와 《우지슈이 모노가타리宇治拾遺物語》(13세기 전반에 만들어진 일본의 설화집)에 수록된 나찰녀의 이야기는 모두 이 글을 원전으로 하여 여색을 훈계하는 불교 설화로 유포한 것임에 틀림없다. 《대당서역기》 권11에서 언급되는 나찰녀의 이야기는 승가라국(僧迦羅國, 스리랑카) 건국 전설을 담고 있다.

악귀 나찰녀 이야기는 스리랑카의 건국 신화

그 옛날 첨부주(瞻部州, 남인도)의 대상인 승가라僧迦羅가 500명의 상인과 바다에 나가 보물을 찾던 중 풍파에 휩쓸려 어느 섬에 도착했다.

그러자 아리따운 여자들이 일행을 마중 나와 성루城樓로 꾀어 들인 뒤 각기 상대를 찾아 부부가 되고 아이도 낳았다. 섬은 온통 여자뿐이고 상인들 말고는 남자는 어디에도 없었다.

어느 날 승가라는 철제 감옥에 유폐된 남자를 만나 이 섬의 여자들이 '나찰녀'라는 무서운 도깨비라는 사실을 알게 된다. 새로운 배가 오면 남자를 유혹해 함께 살고, 그때까지 살던 남자는 가둬서 먹을 것만 준다는 것이다. 이들의 정체를 알게 된 승가라는 다른 상인들과 모의해 바닷가로 도망가 한마음 한뜻으로 기도했다. 그러자 하늘에서 석가모니의 화신인 백마白馬가 내려와 그 등에 걸터앉아 날아오르는데, 쫓아온 나찰녀들의 유혹에 넘어가 되돌아간 상인들은 결국 눈물을 흘리며 죽임을 당하고 만다.

한편 목숨을 겨우 부지한 채 귀환한 승가라를 나찰녀인 아내가 쫓아왔다. 그녀는 승가라의 태도를 나무라며 국왕을 찾아가 거짓으로 호소했다. 왕은 '아내가 도깨비'라는 승가라의 말은 듣지 않고 그녀의 미모에 홀리게 된다. 그리고 나찰녀를 후궁으로 삼아 침소에 넣었는데 아니나 다를까 여자는 왕을 죽이고 나찰도로 도망쳐 돌아간다.

화근을 뿌리 뽑기로 결심한 승가라는 군사를 이끌고 섬으로 원정을 가서 나찰녀를 모조리 토벌한다. 이어 그 섬을 승가라국이라 이름 짓고 새로운 나라를 열었다고 한다.

이 전설이 훗날 승가라의 섬(싱할라 드비파), 즉 오늘날 스리랑카의 기원이 되었다고 전해지며, 옛 이름 세이론(실론)은 이 싱할라 드비파가 아랍어를 거쳐 영어식으로 바뀐 지명이다.

왜 인도의 나찰국이 일본 남쪽에 그려진 것일까?

나찰국은 현재의 스리랑카로 단정해도 거의 무리가 없다. 《대당서역기》에서는 위치를 특정하지 않고 막연히 보물섬에 이르렀다고 했는데, 《곤자쿠 모노가타리》에서는 남천축(인도 남부)에서 남해(벵골만)로 출항했다가 폭풍우를 만나 남쪽을 향해 흘러간다고 하고 있고, 각종 불전을 보더라도 스리랑카의 건국 전설이라는 주제로 기술하고 있으니 의심할 여지도 없다.

그러나 《대당서역기》 등을 통해 일본에 존재가 알려지자 8세기 전반에 제작된 것으로 알려진 교키도(行基圖, 헤이안 시대부터 에도 막부 초기까지 유포된 일본의 옛 지도)에 기초한 각종 주제를 다룬 지도 중에도 나찰국의 위치를 그려 넣은 것이 많다.

가마쿠라 말기에 필사된 것으로 가나자와문고가 소장한 지도에는 남쪽 해상에 나찰국이 기재되고 "여인은 화려한데 사람은 돌아오지 않는구나"라는 부기附記가 보인다.

또 16세기 말 게이초慶長 연간에 간행된 목판 교키도에는 "나찰국, 여자만 있고, 남자는 가면 못 돌아온다", 1662년의 부상국扶桑國 지도에도 "나찰국, 비국(필리핀) 여인만 사는 나라, 남자가 가면 두 번 다시 돌아오지 못한다"라고 적혀 있다.

일본 남방 해상에는 여러 섬과 나라가 많이 있었을 터인데, 왜 나찰국이 마치 대표적인 상징물처럼 등장했을까? 아무리 이계라지만 저 멀리 스리랑카를 일본의 남쪽에 두는 자체를 요즘 시각으로는 이해하기 힘들다. 도대체 왜 지도에 나찰국을 그릴 필요가 있었을까?

아마도 지도의 제작자는 《곤자쿠 모노가타리》의 영향을 받은 것 같다. 나찰 설화는 말하자면, 이역 세계 방문과 그곳에서의 생환, 원정遠征을 위한 여정 등 이역과의 왕래라는 테마를 통해, 미지의 시공간에 존재하는 장소라고 해도 피안의 세계가 아니라 어디까지나 실재하는 세계의 사건으로서 다룬 것이다.

더구나 천축(天竺, 인도)이 무대가 되는 설화는 한정되어 있는 데다, 당시의 세계 인식으로는 일본에서 봤을 때 천축은 말하자면 '세상의 끝'이나 다름없는 땅이었다. 즉, 확인할 수 있는 실재의 영역을 사방으로 그려 채운 뒤, 그다음부터는 실제로 파악할 수 없는 막연한 이역, 그것도 특별한 성격을 가지는 가상의 땅을 배치함으로써, 당시의 세계관을 통째로 상징적으로 그려내려고 한 것은 아니었을까.

또 후대로 내려올수록 나찰국은 여인국女人國과 동일시되는 경향이 짙어진다. 그것도 여자만 사는 섬에서 남자는 건너가면 돌아오지 않는 불귀의 땅으로 고착되었고, 반면에 무시무시한 귀신 섬의 이미지는 옅어졌다. 이는 나찰 자체가 악마라는 의미를 갖기 때문에 군이 해설할 필요가 없어졌기 때문이다.

테라 아우스트랄리스 인코그니타

기원전부터 지중해 세계에서는 지구의 뒤편에 아직 보지 못한 남쪽 대륙이 있고, 이곳엔 인간과는 다른 모습의 사람들(=대척인)이 살고 있다고 생각했다. 중세에 들어서 '지구 구체설'은 부정되고 후퇴했지만, 대척인에 대한 흥미와 함께 풍요로울 미지의 대륙에 대한 동경은 점점 커져만 갔다.

지구 모든 대륙의 존재를 예언한 그라테스의 가설

세계에서 가장 작은 대륙 호주는 태고부터 18세기 후반에 이르기까지 세계사에서 줄곧 고립된 대륙이었다. 고대 그리스 시대부터 막연하게나마 존재한다고 믿었지만 해도에는 2,000년 가까이 그려지지 않았다.

고대 그리스의 세계관에서는 기원전 5세기 역사가 헤로도토스 시절까지만 해도 지구가 평평한 네모 판이라고 믿었다. 그러나 비슷한 시기에 나온 피타고라스학파는 철학적 관점에서 물체의 가장 완전한 형태는 구球이며, 지구가 우주의 중심이라면 해와 달과 마찬가지로 구체일 것이라고 주장했다. 더욱이 기원전 4세기에는 아리스토텔레스가 지구 구체설을 실증하기에 이르렀다.

한편 이미 북반구에 큰 대륙이 있다는 것을 인식했던 피타고라스학파는 이렇게도 생각했다. 지구가 구체라고 한다면 지축에서 지구의 균형을 잡기 위해 남반구에도 거대한 육지가 있어야 하지 않을까. 즉 수륙水陸 비중의 균형이 맞지 않으면 완전한 구체를 만들 수 없다는 이론이었다.

이런 생각은 로마 세계에서도 그대로 계승되었다. 기원전 169년 말로스의 크라테스라는 철학자는 피타고라스학파의 설에 기초해 세계의 균형과 조화를 이루기 위해서는 이미 알려진 아시아 · 유럽 · 아프리카의 3대륙 외에 미지의 3대륙이 존재하지 않으면 안 된다고 설파했다.

동시에 이들 이계에는 모두 인간과 다른 모습을 하고 있는 사람이 살고 있는데, 예를 들어 세계 남쪽 대륙에는 안토이코이(Antoikoi, '반대편 인간'이라는 뜻), 서반구 북쪽 대륙에는 안티포데스(Antipodes, '대척점 인간'이라는 뜻), 서반구 남쪽 대륙에는 안티크톤(Antichthon, '반대편 세계의 인간'의 뜻)이라고 불리는 주민이 각각 거주한다고 적었다. 참으로 황당한 발상이긴 하지만 크라테스의 가설은 비록 우연이더라도 선견지명이 돋보이는 주장이었던 셈이다. 이 시점에서 보면 전 세계 대륙의 존재를 모두 예언한 것이나 다름이 없으니까 말이다.

인도양 남쪽에 수수께끼의 남방 대륙이 탄생

시간이 흘러 AD 43년경, 로마의 지리학자 폼포니우스 멜라는 현존하는 라틴어 서적으로서는 가장 오래된 《지리학서》에서 이렇게 기술했다.

"지구에는 '안티크토네스'라고 불리는 반대편 세계가 존재하는데, 그중 적도 부근에서 남쪽까지는 '남방 대륙'이라고 불리는 거대한 대륙이 가로놓여 타프로바나(실론섬을 과장한 땅. 57페이지 참조)가 그 대륙의 최북단에 해당한다."

비슷한 시기엔 《구약성서》에 나오는 이스라엘 왕 솔로몬에게 막대한 부와 번영을 안겨준 것으로 전해지는 황금의 산출지가 바로 이 대륙일 것이라는 황당한 풍문도 퍼져나갔다.

AD 150년경 알렉산드리아에서 활약한 그리스계 클라우디오스 프톨레마이오스는 전 8권의 《지리서》에서 세계지도를 본격 저술한

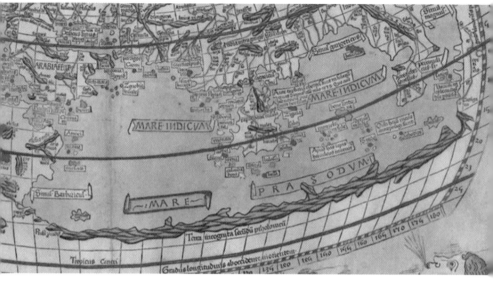

고지도 속의 테라 오스트랄리스 인코그니타, 프톨레마이오스의 세계지도(울름(Ulm)판의 일부). 르네상스기에 만들어진 이 지도에는 해안선이 연장되고 아프리카와 아시아가 연결되어 있다.

지리학자로 특히 유명한데, 현재 남아 있는 사본 '프톨레마이오스 지도'에서는 인도 동쪽과 아프리카 적도 이남은 단순히 상상으로 보완하고 있음을 알 수 있다.

모두 해안선을 막연하게 끝없이 늘여 동남아시아와 아프리카 남동부를 무리하게 연결하고, 인도양을 카스피해 같은 거대한 내륙해로 그려낸다. 이 때문에 유럽에서 항로로 인도에 이르는 것은 이론상 불가능하다는 속설이 떠돌게 되었다.

왜 이런 추측을 지도상에 그려 넣었을까? 이론적 근거를 알 수는 없지만 유라시아에 대해서는 아프리카가, 지중해에 대해서는 인도양이 각각 대칭으로 배치돼 있다고 가정한다면, 인도양도 지중해와 마찬가지로 내해를 이룬다고 상상했기 때문은 아닐까.

또 코끼리와 사자, 악어 같은 열대성 동물이 인도에도 아프리카에도 공통적으로 서식하는 것을 보면 아프리카와 인도 대륙은 이어져야 설명이 된다고 생각했을 게 틀림없다. 어쨌든 이렇게 해서 인도양의 남쪽에 수수께끼의 대륙 '테라 아우스트랄리스 인코그니타 (미지의 남방 대륙)'가 탄생해버린 것이다.

고대 미지의 남방 대륙은 현재 오스트레일리아 대륙?

반면 기독교 세계관을 중심으로 한 중세에서는 지구 구체설은 이단설로 치부되었고, 미지의 남방 대륙 존재도 자연스레 사라졌다. '대척인'도 도저히 아담의 후손으로 인정되지 않기 때문에 그런 인간이 존재한다는 것 자체가 부정된 것이다. 그래도 '대척인'에 대한 호기심은 퇴조하지는 않았던 것 같은데, 부정당하면서도 뭔가 궁금증을 불러일으키는 존재였던 듯하다.

8세기에 저술한 이탈리아의 세계지도에는 아시아 · 유럽 · 아프

세바스티안 뮌스터의 그림. 머리가 배에 있거나, 개의 머리를 하는 등 유럽인들이 상상했던 '대척인'이 묘사되어 있다.

리카 3대륙에다 네 번째 남방 대륙이 추가되어 다음과 같은 내용이 보인다.

"내해양(인도양) 저쪽에 제4의 대륙이 있다. 이곳에는 전설로 유명한 안티포데스(대척인)가 살고 있을지 모르지만, 태양이 내뿜는 혹심한 열 때문에 우리는 알 수 없는 부분이다."

무엇보다도 당시 유럽인들이 '대척인'으로 거론했던 인류는 외발인, 견두인(犬頭人, 개의 머리를 가진 사람), 무수인(無首人, 머리가 없는 사람), 장이인(長耳人, 귀가 긴 사람)이라 하여 괴물이나 다름없었다. 즉,

괴물이 사는 이곳은 신과 사도들에게 버림받은 다른 세계의 미개한 땅이었던 것이다.

한편 미지의 남방 대륙이라는 존재는 중세의 한 시기를 제외하면 프톨레마이오스 이후 대략 1,600년간에 걸쳐서 유럽인들의 세계관에서는 '실재實在'했다.

그러는 사이 1487년 바르톨로메우 디아스가 아프리카 남단을 우회하면서 대서양과 인도양은 계속되는 해양으로 '내륙해 인도양'이라는 그간의 상식을 깨뜨렸다. 더욱이 인도 항로를 발견한 바스코 다 가마의 등장으로, 인도양의 중앙에서 남쪽에 걸쳐 가로놓여 있던 남방 대륙의 존재는 크게 후퇴할 수밖에 없었다.

콜럼버스가 포문을 연 '대항해 시대'에 의해 신대륙의 존재가 알려졌지만, 북극 지방 일부와 남방 대륙만은 여전히 수수께끼로 남았다. 특히 지도 작성자들은 신을 신고 가려운 발을 긁는 심정으로 환상의 대륙이 출현하기를 초조하게 기다렸다.

1510년 마젤란 해협 남쪽에서 티에라 델 푸에고 제도가 발견되자, 이것이 남방 대륙의 일부일 것이라고 마음껏 상상하며 지도에 그려 넣었고, 1568년 알바로 데 멘다냐가 솔로몬 제도에 도달했을 때는 금세 '남방 대륙의 북단인가'라며 들떴다. 1606년 페드루 페르난데스 지 케이로스의 뉴헤브리디스 제도 도착 소식을 접했을 때는 '드디어 기다리고 기다리던 대륙이 나타났다'라며 잔뜩 힘을 주기도 했다.

그러던 중 1606년 네덜란드인 빌럼 얀스가 공교롭게도 지금의 요크곶반도를 항해하다가 '진짜 주인공'인 호주 대륙에 도달하고 말았다. 그러나 이후 호주 연안을 탐험한 네덜란드 항해가들은 '미개인이 살 만한 척박한 건조지'로 낙인찍으며, 이 땅에 대한 흥미를 잃고 전설 속의 풍요로운 '진짜' 대륙을 찾아 헤맨다.

결국 영국 해군성이 1768년 제임스 쿡에게 남방 대륙을 발견하라는 지시를 내리는 일로 번졌고 쿡은 11년간 적도 남쪽을 종횡무진 누빈다. 그리고 남극 대륙까지 한 바퀴 돈 뒤에 내린 결론은 "그에 해당하는 대륙은 어디에도 보이지 않는다"라고 보고했다. 결국 환상의 대륙은 환상으로 자취를 감춘 것이다.

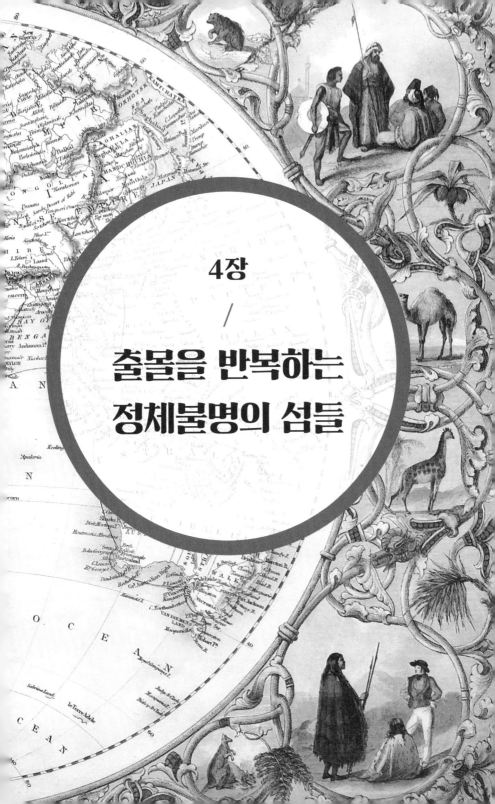

4장

/

출몰을 반복하는
정체불명의 섬들

팔콘섬

그 섬이 처음 남태평양에 모습을 드러낸 것은 1865년. 그로부터 60여 년간 영유권을 다투는 나라들을 비웃기라도 하듯 섬은 출몰을 거듭했다. 도대체 왜 이런 현상이 일어나는 것일까. 꼼꼼한 현지 조사를 벌인 결과, 섬에서는 특수한 지형 변동이 일어나고 있었다는 것을 알게 되었다.

1865년 영국 군함 팔콘호가 미지의 산호초를 발견

지금까지 다루었던 이야기의 대부분은 역사, 전설, 신화 등을 바탕으로 오랫동안 실존한다고 믿어져왔던 장소이다. 물론 탐험가나 모험가, 혹은 항해가가 그 눈으로 분명히 확인하고 조사해 위도나 경도를 지도 어딘가에 기록한 것은 아니다. 말하자면 판타지의 세계에서 탄생한 상상의 창조물인 경우가 대부분이다.

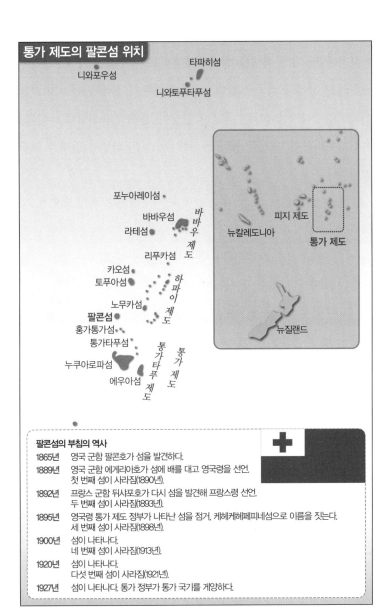

통가 제도의 팔콘섬 위치

타파히섬

니와포우섬

니와토푸타푸섬

포누아레이섬

바바우섬

바바우제도

라테섬

피지 제도

리푸카섬

뉴칼레도니아

통가 제도

카오섬

토푸아섬

하파이제도

노무카섬

팔콘섬

훙가통가섬

통가타푸섬

뉴질랜드

누쿠아로파섬

통가타푸제도

에우아섬

통가제도

팔콘섬의 부침의 역사

1865년	영국 군함 팔콘호가 섬을 발견하다.
1889년	영국 군함 에게리아호가 섬에 배를 대고 영국령을 선언. 첫 번째 섬이 사라짐(1890년).
1892년	프랑스 군함 뒤샤포호가 다시 섬을 발견해 프랑스령 선언. 두 번째 섬이 사라짐(1893년).
1895년	영국령 통가 제도 정부가 나타난 섬을 점거, 케헤케헤페피네섬으로 이름을 짓는다. 세 번째 섬이 사라짐(1898년).
1900년	섬이 나타나다. 네 번째 섬이 사라짐(1913년).
1920년	섬이 나타나다. 다섯 번째 섬이 사라짐(1921년).
1927년	섬이 나타나다. 통가 정부가 통가 국기를 게양하다.

그러나 한 차례 실재를 확인(?)했음에도 불구하고 그 후 행방이 묘연해진 사례도 의외로 많다. 거대한 대륙과 섬에 관한 이야기는 아니지만 작은 섬에서는 이러한 현상이 자주 반복되었다. 예부터 유령섬이라든가 아지랑이섬으로 불려온 섬은 대부분 존재가 의심스럽다.

물론 지도나 해도 제작 기술이 미숙한 시대에는 위치 확인이 정확하지 못해서 재차 확인할 수 없었던 사례도 적지 않을 것이다. 혹은 자연 현상, 가령 신기루나 구름 덩어리로 인해 있지도 않은 섬을 보았다고 착각한 적도 있었을 것이다.

하지만 지도 바깥으로 사라진 섬들 모두가 오인이나 단순한 실수라고는 할 수 없다. 긴 역사 속에서 어느 시절은 확실히 존재했지만, 이후 어떠한 이유로 소멸한 케이스도 있기 때문이다.

《타임스 아틀라스》 2010년 판에 실린 적이 있었던 팔콘섬은 남태평양 통가 제도 남서부에 있다. 사라졌다 나타나기를 반복하는 문제의 섬으로 유명하지만 현지에서는 포누아포우('새로운 장소'라는 뜻)섬이라고 부른다. 문제의 섬은 수도 누쿠알로파가 있는 통가타푸섬 북쪽 82km 지점에 있다.

1865년 영국 군함 팔콘호가 이 해역에서 미지의 산호초를 발견했다. 팔콘섬의 이름은 여기에서 유래했지만, 그보다 20년 뒤 해저 화산의 대폭발로 섬은 높이 90m가 넘는 화산섬으로 성장했다.

그로부터 4년 뒤에는 영국 군함 에게리아호가 새 섬에 접안해 영국령을 선언하고 지질학자들이 상륙해 면밀한 측량을 했는데, 이때의 규모는 길이 약 3km, 폭 2km, 높이 50m로 폭발 때보다는 다소 줄었다. 그런데 1890년 보고에 따르면, 섬은 온데간데없이 사라져 흰 파도가 부서지는 암초로 변했다.

그러나 그로부터 2년 후에는 프랑스 군함이 다시 높이 9m로 성장하고 있는 섬을 발견했다. 그리고 곧바로 프랑스령을 선언했지만 그것도 잠시, 이듬해 바닷속으로 가라앉고 만다.

2년 뒤 다시 섬이 나타났다는 소식을 접한 영국령 통가 제도 정부는 군함을 파견해 점거하고 높이 15m, 길이 6km, 폭 3km로 불어난 땅에다 초소를 짓는 등 실효 지배에 이르렀다.

하지만 여기서 끝나지 않는 것이 팔콘섬의 존재가 복잡한 점이다. 영유권 분쟁을 비웃기라도 하듯 1898년 보고 때는 또 자취를 감춘다. 2년 후 높이 3미터의 섬이 출현하고는 1913년에 다시 소멸, 1920년에 조금 떠올랐지만 이듬해에는 가라앉는 등 바쁘게 수면 위로 떠올랐다가 가라앉기를 반복하고 있다.

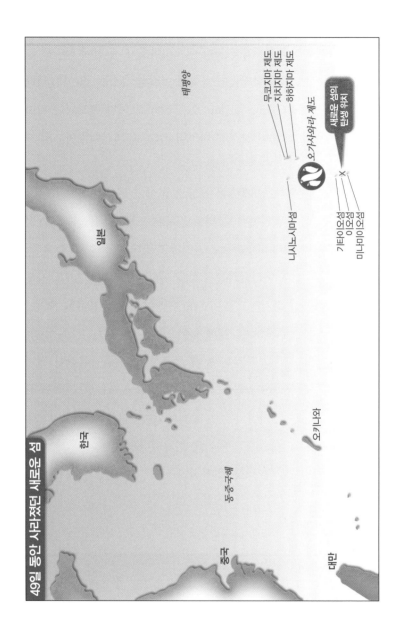

49일 동안 사라졌던 새로운 섬

태평양

본토

동중국해

중국

한국

타이완

오가나와

무코지마 제도
지치지마 제도
하하지마 제도

오가사와라 제도

새로운 섬의
탄생 위치

니시노시마섬

기타이오섬
이오섬
미나미이오섬

화산 활동의 용암 분출로 여섯 번째 섬의 출현

이러는 동안 1927년을 맞이했다. 이때 사상 최대 규모의 해저 폭발을 일으켜 동서 1,300m, 남북 1,600m 크기로 성장하면서 솟아오른 용암이 높이 118m에 달했다. 무려 여섯 번째 바다 수면 위로 출현한 것이다.

그러나 지금까지 몇 번이나 속아왔기 때문에 각국은 영유 선언에 대해서 잠시 주저했다. 이 새로운 섬도 언제까지 '건재'할지 보증할 수 없기 때문이다. 화산 활동이 소강상태를 보이는 시점에서 통가 정부가 파견한 두 명의 지질학자가 섬에 상륙해 마침내 통가의 깃발을 게양했다.

사실 이번 폭발은 섬의 영속성에 크게 기여했다. 시간이 지남에 따라 침식 작용에 의해 해안부는 깎여나갔지만, 과거와 같은 극단적인 출몰의 사이클은 휴면 상태에 들어갔다고 생각되기 때문이다. 차분한 현지 조사를 통해 어째서 이 섬이 나타났다 사라지는 것을 반복하는지 실태를 알아보기 위해 지질 탐사를 한 결과, 다음과 같은 지형 변동이 있다는 것을 알았다.

섬의 출현은 거듭되는 화산 활동 탓이라고 하더라도, 사라지면서 보이지 않게 되는 것은 통상적인 화산섬처럼 해저 화산의 폭발에 따른 함몰은 아니다. 최대의 요인은 남동쪽으로부터 강렬하게 불어오는 무역풍의 풍식風食 작용과 바다의 격랑에 의한 침식 작용이었다. 즉, 해면 아래로 가라앉는다기보다는 문자 그대로 바다의 바람과 물에 깎여나가 소멸해버리는 것이다.

남동부로 트인 화구벽(화구를 둘러싼 깔때기 모양의 벽. 안쪽은 가파르고 바깥쪽은 경사가 완만하다)은 화산재와 부석(浮石, 화산 분출물로 마그마가 대기 중 방출될 때 휘발성 성분이 빠져나가 물에 뜰 정도로 가벼운 것이 특징), 화산력(火山礫, 화산 용암의 조각) 자갈로 이루어져 있어 수분이 통하기 쉽다. 그래서 조수 간만에 의해 바닷물이 조금씩 출렁거리기만 해도 쉬이 깎여나가 붕괴될 수 있는 특징이 있다.

이런 이유로 남동쪽은 낮고 북서쪽으로 갈수록 고도가 점점 높아지는 것이 팔콘섬 지형의 특징인데, 대부분이 부석과 화산재이기 때문에 바람과 파도에 휩쓸려 허망하게 사라질 운명이다.

통가 제도는 얼핏 산호초군처럼 보이지만 팔콘섬을 포함한 중부 하파이 제도 일대는 세계적으로 유수한 화산섬 군으로 지금도 연기를 내뿜는 활화산이 적지 않다.

특히 서쪽의 라테섬과 홍가통가섬을 남북으로 잇는 해저에는 무른 지각 아래 걸쭉한 마그마가 격렬하게 흐르는 위험한 화산맥이 달리고 있다. 따라서 고대부터 주변 해역에서 섬이 생겼다 사라지는 현상이 반복된 듯하다.

이런 이유로 지표의 '신진대사'가 가장 현저한 장소로서 새로운 섬의 탄생과 소멸은 언제나 세상을 떠들썩하게 하는 중이다. 팔콘섬의 전철을 이어가는 섬들도 충분히 나타날 수 있다. 또 언젠가는 소멸할지도 모른다. 아니, 필시 소멸할 것이다. 아지랑이처럼 존재가 덧없기 때문에 이름 그대로 유령섬이라 불리는 것이다.

세계 각지에서 새로운 섬의 탄생이 확인되고 있지만, 융기 활동이 지속적으로 활발히 벌어지지 않는 한 영구히 존속할 전망은 없고, 대부분은 단명인 채로 끝나버린다고 한다. 하지만 바닷속에서 솟아오르는 연기는 지구의 격렬한 에너지 자체로도 보인다. 지구가 살아 있음을 보여주는 가장 좋은 증거이고, 앞으로도 제2, 제3의 팔콘섬이 탄생할 게 틀림없다.

도허티 제도

스케치와 측량까지 진행된 섬이 온데간데없이 사라진다? 믿기 힘들지만 남극 해에선 이런 신기한 현상들이 여지없이 일어날 것 같다. 1841년 영국 포경선이 발견한 섬도 1889년 사라졌다. 잘못 본 것이나 측정 실수, 혹은 가라앉았을 가 능성은 부정되는 가운데 의외의 가능성이 제기되었다.

지도에 등재된 도허티 제도는 거대 빙산인가?

수면에서 5미터 이상의 높이를 가진 얼음덩어리를 통상 빙산이라 고 한다. 다만 1~5m짜리는 빙산편氷山片, 1m 이하는 빙암氷巖이라 부르며 구분한다. 높이 수십 m가 넘는 것도 드물지 않고, 그중에는 높이 100m, 폭 10km 이상에 이르는 거대 빙산도 볼 수 있다.

2002년 3월 남극 대륙의 월그린 해안에서 거대한 빙산이 탄생

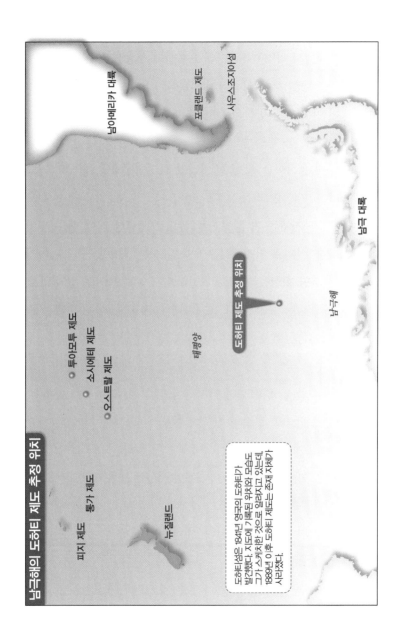

남극해의 도허티 제도 추정 위치

피지 제도　통가 제도

뉴질랜드

투아모투 제도
소시에테 제도
오스트랄 제도

태평양

도허티 제도 추정 위치

뉴질랜드

남아메리카 대륙

포클랜드 제도
사우스조지아섬

남극 대륙

남극해

도허티섬은 1841년 영국인 도허티가
발견했다. 지도에 기록된 위치와 모습도
그가 스케치한 것으로 알려지고 있는데,
1899년 이후 도허티 제도는 존재 자체가
사라졌다.

해 아문센해에서 외양外洋을 향해 표류하기 시작했다고, 미 해군 등이 운영하는 빙산 감시 기관인 내셔널아이스센터가 밝혔다. 'B-22'로 명명된 이 타원형 빙산은 길이 약 85km, 폭 약 64km, 면적은 약 5,430km²이다. 경기도 면적의 절반이나 되는 크기의 빙산이다. '남동 태평양에 움직이는 섬 출현'이라고 보도되었지만, 확실히 거대한 얼음덩어리의 섬이라는 느낌일 것이다.

그렇다면 과거에는 거대 빙산을 섬으로 오인한 적이 한두 번이 아닐 것이다. 실제로 발견했다는 믿음이 강한 나머지, 구름 덩어리나 빙산의 자연 현상을 제대로 확인하지도 않고 육지를 봤다고 보고한 뒤, 이후 추적 조사에서 온데간데없이 사라졌다는 사례는 종종 전해지는 대목이다.

18세기 후반 쿡에 의해 태평양에 존재하던 미지의 해역이 거의 드러나면서 그동안 믿어왔던 미지의 남방 대륙(테라 아우스트랄리스 인코그니타)이 단순한 상상의 산물이라는 사실을 마주하게 된 관련 전문가들은 크게 낙담했다.

그러나 당시만 해도 포경과 바다표범 사냥에 열을 올리는 무리들은 이에 아랑곳하지 않고 19세기 들어 먹이의 보고인 남극 해역 깊숙이까지 경쟁적으로 뛰어들었다. 웨델과 파머 등은 그러한 선구자라고 해도 좋을 것이다.

1841년 영국의 존 도허티가 이끄는 포경선이 남위 60도, 서경

120도 부근에서 빙설에 덮이고 물범이 살고 있는 작은 섬 두 개를 발견한 것도 바로 그런 시대였다. 이렇게 해서 발견자의 이름을 딴 도허티 제도Dougherty Islands가 지도에 기록되었고, 섬의 외관도 그에 의해 그려졌다고 한다.

도허티 제도의 유무에 대한 소모적인 논쟁 거듭

그러나 남극권 인근에 위치한, 눈과 얼음 외에는 아무것도 없는 황량한 이 섬들이 훗날 항해자와 지리학자를 크게 고민하게 했다. 그 유무에 대한 소모적인 논쟁이 거듭된 끝에 결국 지도에서 말소되는 운명을 맞았기 때문이다.

먼저 1859년 도허티의 보고에 따라 영국 왕립학회의 해양 탐험가가 방문해 섬이라는 것을 확인한 뒤 간단한 측량을 진행했다. 1866년에도 범선 두 척이 해안선 근처에 사흘간 정박하면서 선원들이 남긴 외관의 스케치와 기술은 뉴질랜드 신문에도 게재된 바 있다. 물론 도허티의 그것과 거의 일치하는 내용이라 섬의 존재를 의심하는 사람은 아무도 없었다.

그러나 20여 년이 지난 후, 도허티 제도의 존재 여부에 대한 의구심이 증폭되기 시작했다.

처음으로 1889년 오랫동안 방치되어 있던 이 섬 주변을 항해한 배가 해도에 그려진 섬의 모습과 전혀 맞지 않았다고 전한 것이다. 또 영국과 뉴질랜드 사이를 항해하는 선박이 1910년까지 모두 여덟 차례나 가까이 통과했는데, 주의 깊게 살펴봤음에도 섬의 존재를 확인하지 못했다고도 전했다. 당황한 영국 왕립학회 측은 섬의 위치 조사 범위를 해당 지점에서 반경 250km로 확대한 데 이어 지그재그로 항해까지 하면서 조사했지만 허사로 끝났다.

　그사이 1904년에는 극지 탐험가 로버트 F. 스콧이 제1차 남극 탐험에서 돌아오면서 도허티섬이 존재하는 것으로 알려진 지점의 수심을 탐사했다. 그러나 결과는 벨링스하우젠해의 분지 한가운데는 4,218m에 이르는 심해였다고 한다. 화산 폭발이나 침식 작용에 의해 섬이 수몰되지 않았을까 하는 희망적인 관측조차도 뿌리째 부정하는 사실이었다.

　잇따른 부정적 데이터 앞에 관계자들은 우려의 빛을 감출 수 없게 되었지만, 전혀 생각하지 못했던 방면에서 뜻하지 않은 원군이 나타났다.

　노르웨이인 포경 사업가인 H. J. 불이 1893년 당시 포경선 안탁틱호에서 문제의 도허티섬을 한 바퀴 돌고 정확한 위치도 측정했다고 증언한 것이다. 배에는 저명한 남극 탐험가 보치그레빙크도 동승하고 있어 강력한 증언자가 될 수 있다고 덧붙였다.

불에 따르면 발견 초기에는 바다표범 수렵권을 얻기 위해 영국 해군성과 연간 25리브르의 계약금을 통한 밀약을 맺고 공표를 유보해야 했다. 하지만 제1차 세계대전의 발발과 고령이 된 자신의 상황을 감안해 과감히 권리를 포기한 채 그 과정을 밝히기로 한 것으로 알려졌다.

불의 측정에 따르면 도허티섬은 남위 59도 20분, 서경 120도 20분에 있었다. 이 보고를 믿고 탐색선 노르게호는 용감하게 출발했으나, 오랜 기간 세밀한 조사에도 불구하고 아무런 성과도 얻지 못한 채 결국 허탕을 치고 귀국한다.

거대한 테이블형 빙산을 섬이라고 판단한 빙산 표류설

과연 도허티 제도는 어디로 사라졌는가.

현재와 같은 최신의 항해 장치나 측정 계기를 갖추지 않았을 당시에는 자연 현상을 잘못 보거나 위치를 부정확하게 측정한 일이 많았다고 한다. 하지만 다른 섬을 잘못 판단했다는 가설은 우선 있을 수 없다. 왜냐하면 주변에 섬이라고 할 만한 것은 일절 없기 때문이다. 게다가 반경 1,550km는 바다뿐이라서 이를 넘으면 남극 대륙에 닿아버린다.

화산과 침식에 의한 수몰설도 앞서 스콧의 수심 조사에서 부정되었다. 나머지는 빙산 표류설인데 거대한 테이블형 빙산을 섬이라고 판단한 것은 충분히 고려해볼 만한 여지가 있다.

사실 구소련 제13차 남극 관측대가 1967~1968년 관측선 오비호로 도허티 제도가 실존했다는 지점을 통과할 때 8km 간격으로 평행 항해하면서 세 차례나 왕복했고, 육안과 레이더로 구석구석 해상을 탐사한 적이 있었다.

이때 배의 우현 쪽으로 높이 솟은 바위 모양의 섬 그림자에 레이더가 반응해 그 포인트로 급히 나아갔으나 수심은 그대로였고, 자세히 살펴본 결과 90m 높이의 거대한 빙산으로 판명되었다고 기록되어 있다.

그러나 빙산설에 관해서는 실제로 상륙해 탐사한 보고가 남아 있어 존재 여부를 판단하기에는 크고 작은 걸림돌이 되고 있다. 상륙해서 이곳저곳 살펴보면 빙산인지 육지인지 정도는 구별했을 것으로 여겨지기 때문이다.

그리고 무엇보다 그중에는 빙하가 운반한 빙퇴석(氷堆石, 빙하에 의해 침식·운반·퇴적되는 암석, 자갈, 토양 등의 물질)에 의해 표면이 거무스름한 빙산도 있다면 이끼나 잡초 정도는 자랄 수도 있다. 또한 새로운 섬을 발견했다는 명성에 사로잡혀 보고서를 위조했을 가능성도 없지 않다.

실은 도허티 제도 외에도 섬의 존재 여부를 밝히려는 탐색이 시도된 예가 예부터 보고되고 있다.

예를 들어 1762년 남극 대륙의 남극반도 북쪽 해상에 있는 포클랜드 제도와 사우스조지아 제도 중간에서 스페인 배가 세 개의 섬을 발견해 해도에 오로라 제도로 기입했다. 이후 스페인 해상방어함 아트레비다호가 확인차 출동했으나 세 곳 모두 사라진 채 찾을 수가 없었다. 이후 피나는 탐색 활동에도 불구하고, 그 뒤로는 한 번도 모습을 드러내지 않았다. 이처럼 극지방은 빙산이라는 골칫덩어리가 순식간에 섬으로 변신하는 등 혼란을 가중시키고 있다.

뉴질랜드 남쪽 앞바다 에메랄드섬은 1812년 영국인 선장이 발견한 것으로 알려진 큰 섬이지만, 그 후 바다 멀리 떠 있다는 그 섬을 인정한 사람은 아무도 없다.

산니코프섬

북극해에는 세 번이나 탐험가에 의해 발견된 후 존재하지 않는다고 단정된 섬이 있다. 수많은 환상의 섬 중 하나인 산니코프섬이다. 그 정체를 둘러싸고는 오랫동안 논의가 전개되었지만, 최근 빙산섬이나 지하빙설이라는 설이 유력하게 떠올랐다.

환상적인 소문이 난무하는 신비한 북극해

빙산과 육지를 오인했다는 보고라면 남극보다는 북극 쪽에서 훨씬 빈번하게 일어난다. 북극은 남극과 달리 대륙이 없고, 대륙 연안에 있는 섬을 제외하면 대부분 바다이다. 이 때문에 해수와 빙산이 매우 많다. 설령 섬 그림자와 같은 것을 목격했다고 해도 온도 차가 큰 특수한 자연환경 때문에 생긴 신기루나 구름 덩어리로 판명되곤

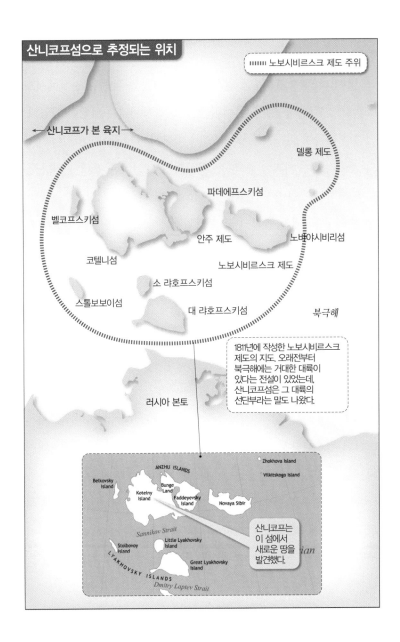

산니코프섬으로 추정되는 위치

|||||| 노보시비르스크 제도 주위

← 산니코프가 본 육지 →

델롱 제도

파데예프스키섬

벨코프스키섬

안주 제도

노베야시비리섬

코텔니섬

노보시비르스크 제도

소 랴호프스키섬

스톨보보이섬

대 랴호프스키섬

북극해

1811년에 작성한 노보시비르스크 제도의 지도. 오래전부터 북극해에는 거대한 대륙이 있다는 전설이 있었는데, 산니코프섬은 그 대륙의 선단부라는 말도 나왔다.

러시아 본토

ANZHU ISLANDS

Zhokhova Island

Belkovsky Island

Bunge Land

Vilkitskogo Island

Kotelny Island

Faddeyevsky Island

Novaya Sibir

Sannikov Strait

Stolbovoy Island

Little Lyakhovsky Island

산니코프는 이 섬에서 새로운 땅을 발견했다.

LYAKHOVSKY ISLANDS

Great Lyakhovsky Island

Dmitry Laptev Strait

한다.

　인간이 근접할 수 없는 엄혹한 기상 조건은 툴레섬 전설에서도 소개한 것처럼 다양한 억측이나 공상을 만들어내는 토양이 되었다. 거대한 대륙이 있다, 초원과 꽃밭이 이어지는 낙원이 있다, 이 세상의 것이라고는 생각할 수 없는 환상적이고 신비한 세계가 있다 등의 환상적인 소문이 난무했다.

　그러한 북극에는 인간의 꿈이 개입한 선입견과 더불어 실재를 혼동하기 쉽게 만드는 자연 · 기상 조건도 있다. 탐험가들이 탐사 후 보고하는 문서라고 하더라도 풍문이나 미확인 정보에 의존한 것이 많아 각지에 수수께끼의 섬을 양산하는 결과를 가져왔다. 이리하여 북극해는 이름난 '환상의 섬'의 보물창고가 된 것이다.

　그러한 섬들 중에서도 한층 더 풍부한 화제를 제공해온 것이 산니코프섬이다. 수수께끼의 섬이 만들어내는 매력에 사로잡혀 19세기 말부터 20세기 초에 걸쳐 16년간 찾아다니다가 결국 얼음 바다 건너편으로 사라진 에드워드 V. 토리가 이곳의 추정 위치를 적었는데, 북위 77도 30분, 동경 140~150도 부근이라고 한다.

　이는 동시베리아 북쪽 북극해에 있는 노보시비르스크 제도의 북쪽, 영구 유빙의 거의 한계선 근처에 해당한다. 물론 현재의 어떤 지도를 보아도 그러한 땅은 보이지 않는다. 원래가 존재하지 않는 환상의 섬이니까.

노보시비르스크 제도의 총면적은 3만 8,000km²인데, 남부 랴호프스키, 중부 안주, 북동부 델롱 등 3개 섬으로 구성된다. 지형은 일반적으로 완만한 편이며, 대부분 해발 30~50m의 평지로 이루어지지만 일부는 300m 정도의 구릉지도 보인다.

7월의 평균 기온은 영상 3도 전후로 극지방치고는 비교적 온화하고 빙하도 그다지 발달하지 않았다. 그러나 겨울철에는 연안이 얼면서 대륙과 지면이 이어지게 된다고 한다.

러시아의 모피 사냥꾼이자 탐험가 산니코프가 발견

산니코프섬의 이름은 말 그대로 산니코프라는 남자가 발견했다는 것에서 유래되었다. 시베리아 선주민이었던 에벤키족 출신의 야코프 산니코프는 경험 많은 뛰어난 모피 사냥꾼이자 유능한 탐험가였다.

노보시비르스크 제도의 섬들 중 세 개는 그가 발견한 것이다. 19세기 초 제국 러시아 정부는 동시베리아 북쪽 해상에서 미지의 섬이 잇따라 발견되고 있다는 소식을 접했는데, 특히 영국이 그 섬들을 자국령으로 만들어버릴 것을 우려했다. 광대한 시베리아 북쪽에 영국의 영토가 있다는 것은 국토 방위는 물론 안정된 자원 확보 측면에서도 우려스러운 일이었기 때문이다.

러시아 입장에서는 일각도 지체하지 말고 주변을 탐사해 정확한 지도를 작성한 뒤 자국 영토에 편입하는 일이 긴급 과제로 여겨졌다. 그런데 선발대로 지목된 것이 에스토니아 출신 게덴슈트롬이었다. 일대의 지리에 밝은 산니코프를 탐험가의 안내인으로 보낸 것은 이러한 사정 때문이었다. 이들은 1810년부터 이듬해까지 노보시비르스크 제도 주변을 탐사했는데, 그사이 산니코프 등은 모두 세 차례에 걸쳐 북쪽 해상에 있는 미지의 육지를 육안으로 탐사했다.

처음에는 1810년 3월, 노바야시비리섬 동쪽 끝의 카멘누이곶 절벽에서 동북쪽 해상 멀리 육지처럼 보이는 푸른 형체를 산니코프와 게덴슈트롬 두 사람이 목격했다. 이것이 제1의 산니코프 제도이다.

이어 그해 6월, 산니코프가 코텔니섬 북단에서 앞바다 70km 해상에 높은 바위산의 육지를 똑똑히 목격했다고 전한다. 제2의 산니코프섬 출현이다.

그리고 이듬해 여름, 산니코프가 이번에는 파데예프스키섬 북단 약 45km 해상에서 파란 하늘에 번쩍 떠오르는 눈 덮인 높은 산을 목격한다. 곧바로 개썰매를 몰았지만 얼마 지나지 않아 우회가 불가능한 넓은 개빙면(開氷面, 얼음이 녹으면서 만들어지는 공간)을 만나 더 이상 접근할 수 없었다. 그는 자신이 본 육지를 스케치하고 방향을 측정해 돌아갔다. 결국 이들은 3개의 수수께끼의 섬에 상륙하지 못한 채 일단 탐사를 마치고 귀로에 올랐다.

그러나 오래전부터 북극해에는 거대한 대륙이 존재한다는 소문이 있어, 산니코프섬이 그 대륙의 선단부先端部가 아니냐는 설이 대두되었다. 따라서 이 땅의 영유권 선언 여부는 끊임없이 중요한 의미를 가질 수밖에 없게 되었다.

이리하여 산니코프섬의 실재설은 이후 많은 탐험가와 지리학자의 호기심을 자극하고 흥미를 유발했다. 그 후 1세기 반에 걸쳐, 게다가 육상뿐 아니라 해상, 상공 등 모든 각도에서 정밀한 조사 활동이 이어졌다.

1944년에는 소련 정부가 특별 항공 조사를 실시했다. 빙상 정찰기를 이용해 주변 해역을 샅샅이 뒤졌지만 어떤 섬 그림자조차도 찾지 못하고 끝내 '존재하지 않는다'라는 딱지를 붙이면서 산니코프섬의 '숨통'은 끊어졌다.

세계적인 지리학자와 탐험가들이 실재설을 강력 지지

그럼에도 오랜 세월에 걸쳐 산니코프섬은 세계 지리학자와 유명 탐험가들에 의해 실재를 강하게 지지받았다.

예를 들어 앞에서 소개한 토리는 산니코프섬에 사로잡혀 그 발견에 평생을 바쳤고, 노르웨이가 낳은 위대한 북극 탐험가 프리드쇼프 난센도 실재를 강하게 확신했다.

특히 소련의 지질지리학계를 대표하는 학자이자 SF 작가인 블라디미르 아파나셰비치 오브르체프가 이 섬에 건 집념은 다른 이들을 압도했다. 그는 일부러 《산니코프섬》(1926년)이라는 작품을 쓸 만큼 공을 들였다. 이 작품은 베스트셀러가 되었고, 1972년에는 영화화까지 되었을 정도이다.

판타지 세계의 산니코프섬은 둘째 치고, 그렇다면 실제 정체는 무엇이었을까. 지금까지도 연구자와 호사가에 의한 여러 가지 논쟁이 이루어져 가설이 난무해왔다.

빛의 굴절에 의한 신기루설, 짙은 안개에 의한 오인설, 방향이나 거리의 측정이 잘못된 측정 오인설, 얕은 여울에 자리 잡았던 빙산설, 거대 빙산이 표류하는 빙도설, 동토가 붕괴하는 지하빙설 등. 모두 하나의 사례에 지나지 않지만 여하튼 대상을 파악할 수 없는 '환상'인지라 그에 대한 연구도 뜬구름 잡는 내용이 될 수밖에 없다.

그러한 가운데 근래 주목받고 있는 것이 빙도설과 지하빙설이다. 빙도란 표류하는 거대한 테이블형 빙산으로, 그 거대함과 안정성 때문에 소련이 1937년 관측 기지를 설치한 것을 시작으로, 러시아와 미국은 활주로가 있는 기지를 만들고 있다.

이러한 섬이 북극 탐험사에서 남의 눈에 띄지 않았던 것은 있을 수 없고, 사실 많은 탐험가가 여러 차례 빙도를 봤다는 보고도 많다. 그러나 개빙면 등으로 인해 접근하지 못해 빙도라고 확인하지 못했을 뿐이다. 멀리서 빙도를 바라보던 이들이 미지의 섬으로 오인했다는 게 빙도설의 근간이다.

한편 지하빙설은 영구 동토층의 일종인 '에드마'라는 지하 얼음층이 땅속에서 얼어붙는 과정에서 지표를 수십 m에서 수백 m까지 밀어 올렸다가 서서히 붕괴하고 침식되는 현상을 말한다. 말하자면 거대한 서릿발의 원리로, 실제로 북극 연안에는 옛 섬의 흔적으로 보이는 얕은 물이 곳곳에 있다고 한다.

그러나 산니코프섬 추정 위치로 알려진 지점은 깊이가 50m 이상에 달해 수십 년 전 섬이 가라앉았다고 가정하기에는 너무 깊다는 약점이 있다.

이와 같이 몇 개의 가설이 나오는 것 자체가 산니코프섬을 둘러싼 수수께끼의 깊이를 반영하고 있다. 산니코프와 많은 탐험가가 실제 바라본 것은 무엇이었는가. 결론을 말하자면 영원한 수수께끼라고 할 수밖에 없다.

우류지마

오이타현 벳푸만, 신불神佛의 벌로 큰 파도가 덮쳐 하룻밤 사이에 섬이 가라앉았다는 전설이 있다. 최근의 조사에서 그 일대에 토사가 퇴적되어 생겨난 모래성 섬이 존재했을 가능성이 높다는 것이 밝혀졌다. 그러나 대재앙이 일어났다고 해도 섬이 한꺼번에 침몰할 수 있는 것일까.

오이타현 벳푸만 해변의 모래톱이 지진에 사라졌다?

먼 옛날 세토나이카이瀨戶內海의 벳푸만에 우류瓜生라는 섬이 있었다. 전설에 따르면 섬사람들은 화목하게 결속해야 한다는 말이 전해졌는데, 이를 어기면 신불의 노여움을 사고 섬 내 히루코신사蛭子神社의 신장神將의 얼굴이 붉게 변해 섬은 바닷속으로 가라앉아 버린다는 것이다.

임진왜란 중인 1596년 6월에 있었던 일이다. 가토 료사이와 그 무리가 천벌을 받는다고 해도 이상하지 않게 신장의 얼굴을 붉게 칠했기 때문에 섬사람들은 천재지변의 불안에 떨었다.

과연 한 달 후인 7월이 되자 지진의 전조가 시작되고, 큰 돌이 하늘에서 떨어지기 시작했다. 이어 윤7월 11~12일(양력 9월 3~4일) 양일간 흔들림이 계속되자 섬 주민들은 피난 준비를 시작했다. 이때 백마를 탄 노인이 나타나 "한시라도 빨리 섬을 떠나라"라고 외치며 돌아다녔다.

그 직후 바다가 요동치더니 갑자기 산더미 같은 대형 쓰나미가 덮쳤고 순식간에 섬이 바다로 휩쓸려 들어갔다는 것이다.

신장의 얼굴이나 백마 탄 노인 운운하는 것은 진위야 어떻든, 적어도 이 해에 벳푸만을 진원震源으로 하는 거대 지진이 발생했다는 것은 각종 자료와 근래 지질학 조사 연구에 의해 틀림없는 사실임이 밝혀지고 있다.

고문서에 따르면 이때 덮친 쓰나미는 높이 약 4m로 해안에서 내륙 2km에 걸쳐 침수 피해를 입힌 것으로 나와 있다.《이과연표理科年表》에도 지진 규모는 진도 7.0, 다카사키산 등 각지에서 벼랑이 무너져 후나이(府内, 현재의 오이타현)의 가옥도 유실, 우류지마의 80%가 함몰해 708명의 희생자가 나왔다고 한다.

일반 고문서에서는 우류지마瓜生島라는 명칭이 발견되지 않고, 해

당하는 땅은 모두 '오키노하마沖の浜'라고 표시되어 있지만, 이후 연구에서 우류지마와 오키노하마는 같은 땅이라는 것이 밝혀졌다.

'우류'는 참외瓜가 나는 땅이 아니라 아마도 물이 풍부한 땅 혹은 저습지라는 뜻으로, 만조 시에는 섬이 되고 간조 시에는 모래톱에서 육지와 연결되는 육계사주陸繫砂洲 같은 지형을 말한 것이다. 즉, 해변의 모래톱을 의미하는 오키노하마沖の浜와 우류지마는 원래 동의어였던 셈이다.

오키노하마라고도 하는 우류지마는 국제적인 항구 도시

그런데 우류지마는 현재의 어디쯤에 떠 있던 것일까. 현재 남아 있는 고문서에 기록된 전승에 근거하면, 섬은 오이타시 앞에 있는 벳푸만에 있었고, 주위는 약 12km로 인구는 5,000명 정도였다고 한다.

막부 말기에 아베 단사이阿部淡齋가 편찬한 《기지조잣시雉城雜誌》는 우류지마에 대해 일부 언급했는데, 현대어 번역으로 요약하면 다음과 같다.

"우류지마는 일명 오키노하마라고 하는데, 동서는 36정丁(약 3.9km), 남북 21정(2.3km) 남짓이다. 마을의 길은 세 줄기가 있어서

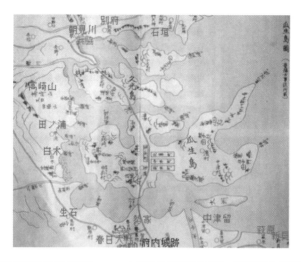

1857년에 그려진 호요코지단(豊陽古事談) 중에서 우류지마 지도, 오이타현립도서관 소장.

동서로 지나가는데, 남쪽을 혼마치本町, 가운데를 우라마치裏町, 북쪽을 신마치新町라고 한다.

가옥은 대략 1,000채로, 섬 내에는 이토쿠지威德寺, 히루코신사, 덴만궁, 스미요시신사, 시마즈 가쓰히사의 저택 등이 있다. 옛 후나이府內의 큰 외항으로, 전국 각지에서 밤낮을 가리지 않고 배가 드나들고 있었다. 섬은 옛 후나이의 북서 31정 40간間(3.4km), 현재의 오이타시 세케마치의 북쪽 20여 정(2.2km)에 위치하고 있었다."

또한 이 섬의 북서쪽에는 500채의 가옥이 있는 히사미쓰, 동쪽에는 스미요시, 마쓰자키 등의 섬이 있었다고 기록되어 있으며, 이들도 우류지마 침몰 2년 후에 바다에 가라앉은 것 같다.

16세기 말까지 우류지마 또는 오키노하마는 동東큐슈 제일의 항구로서 상당히 번성하고 있던 것 같다. 포르투갈 선교사 루이스 프로이스는 예수회에 보고하는 서한에서 "오키노하마에는 매우 많은 선단이 머물고 있었습니다. 대부분은 다이코(太閤, 도요토미 히데요시)의 것인데, 이 배들은 현재 그가 소유한 왕국의 징세 때문에 분고(豊後, 전국 시대 오이타를 부르는 명칭)에 와 있었습니다. 이들 대부분은 이미 선적을 마치고 출항 시기를 기다리고 있고, 다른 배는 선적을 시작하고 있었습니다. 그 밖에도 많은 상인의 작은 배가 있었습니다"라고 흥청거리는 분위기를 소개하며, 이곳이 많은 배의 기항지이자 상륙지로서 포르투갈 선박도 자주 내항하는 큰 마을이라고 기록했다.

이상의 내용으로 보아 남방 무역으로 경제력을 쌓은 오토모大友가문(가마쿠라 시대부터 전국 시대에 걸쳐 규슈 오이타현을 본거지로 한 다이묘 가문으로 도요토미 히데요시에 의해 지위를 박탈당했음)의 관문임을 추측할 수 있다.

예수회 선교사 프란시스코 자비에르, 중국 명나라 사절 정순공 등도 발자취를 남겼으며, 자비에르 등은 한번 오키노하마에 정박한 뒤, 그곳에서 작은 배로 옮겨 타고 강을 거슬러 올라가 오토모 가문의 저택으로 들어간 것으로 알려졌다.

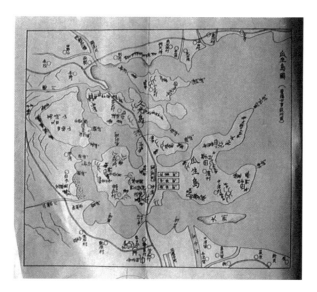

우류지마가 있었다고 전해지는 벳푸만 고지도.

그러나 이 정도의 항구 도시인데도 상세한 기록은 거의 전하고 있지 않다. 안팎에서 오가는 많은 선박의 출입으로 번창했으니 당연히 지방관청과 통역관, 교회도 있었을 터인데 웬일인지 관련 정보는 안개가 낀 듯 실체가 분명히 드러나지 않는다. 이러한 많은 물음표가 우류지마의 수수께끼를 둘러싸고 흥미를 한층 더 북돋워 주고 있다.

'한순간 바닷속으로 가라앉은 환상의 섬'이라는 전설

우류지마가 바닷속으로 가라앉은 것은 당시에 발생한 대지진 때문이라고 알고 있다. 그러나 진도 7 규모의 지진으로 섬 하나가 완전히 바닷속으로 사라질까.

침몰 상황을 직접 전할 수 있는 신뢰성 있는 자료는 없지만, 에도 초기 미우라三浦 가문의 문서에는, 오이타강 하구 동쪽 하라무라의 경우 큰 땅이 갈라져 인근 마쓰자키와 스미요시 등 두 마을의 가옥이 파괴되고 일대는 소금밭처럼 되었다고 표시되어 지진의 무시무시함을 전해준다.

1970년대 시작된 본격적인 해저 조사에서는 벳푸만 아래에 여러 단층이 거의 동서로 뻗어 있어, 아마도 이 단층의 활동이 직하형 지진(直下型地震, 육지나 근해의 얕은 지하에 진원을 두고 발생하는 지진으로 단층이 상하·수직 방향으로 움직이면서 일어난다)을 일으킨 것이 아닌가 추측된다.

또 음파탐사선은 오이타강 하구의 서쪽 앞바다 750m에서 2km 해저 지점까지 산사태의 흔적을 기록하고 있다. 해저 사면에 퍼진 토사류는 두껍게 쌓여 있어 지진이나 해일 등 거대한 힘에 의해 육지 부분이 붕괴돼 발생했다는 것 외에 달리 납득할 만한 설명을 찾기 어렵다는 것이다.

그렇다면 과거 이 일대에 토사가 퇴적되면서 생겨난 모래섬이 존재했지만 지진으로 육지의 많은 부분이 액상화 현상에 의해 바닷속으로 유실되고, 나머지 부분은 산사태 등으로 인해 함몰되면서 침하하기 시작해 최종적으로 모든 것이 수몰되었다는 가설이 성립되는 것이다.

액상화 현상이란 한신阪神·아와지淡路 대지진 이후 널리 알려진 말인데, 연약한 땅에서 수분을 다량 함유한 지반이 지진 등에 의해 모래 입자가 물속에 부유한 상태가 되고, 그 위에 얹혀 있는 건물과 진흙 부분이 침하되는 상태를 말한다.

그러나 지진과 해일에 의해 섬 전체가 단번에 침몰한 것은 아닌 것 같다. 아마도 남겨진 토사는 서서히 시간을 들여 바닷속으로 무너져 사라진 것으로 보인다. 육지와 사주 부분에서 연결되어 있던 오키노하마, 즉 바다와 연결된 모래톱은 지진 재해에 의해서 육지로부터 일단 떨어져나가 섬이 되었고, 나중에 마지막 부분이 바닷속에 잠겨버린 것으로 추정할 수 있다.

이런 점에서 볼 때 서서히 침식한 섬의 이야기가 과장되게 전해지면서 '한순간 극적으로 바닷속으로 가라앉은 환상의 섬'이라는 전설이 생겨나고 널리 퍼졌을 가능성이 있다. 그러기 위해서는 바다 앞 모래톱을 의미하는 오키노하마가 아니라 우류지마라고 하는 '섬'의 호칭이 아무래도 필요했을 것이다.

.

지도로 읽는다

고지도로 보는
유토피아 상식도감

초판 1쇄 인쇄 | 2021년 5월 18일
초판 1쇄 발행 | 2021년 5월 20일

지은이 | 쓰지하라 야스오
옮긴이 | 유성운
펴낸이 | 황보태수
기획 | 박금희
디자인 | 디자인 봄
교열 | 김성희
마케팅 | 유인철
인쇄 · 제본 | 한영문화사

펴낸곳 | 이다미디어
주소 | 경기도 고양시 일산동구 정발산로 24 웨스턴타워 1차 906-2호
전화 | 02-3142-9612
팩스 | 070-7547-5181
이메일 | idamedia77@hanmail.net
블로그 | https://blog.naver.com/idamediaaa
페이스북 | http://www.facebook.com/idamedia
인스타그램 | http://www.instagram.com/ida_media
네이버 포스트 | http://post.naver.com/idamediaaa

ISBN 979-11-6394-045-6 04900
     978 89 94597 65-2(세트)